岩波現代文庫

学術 30

ジョージ・F・ケナン

近藤晋一・飯田藤次・有賀 貞［訳］

アメリカ外交50年

岩波書店

AMERICAN DIPLOMACY, Expanded Edition
by George F. Kennan

This Japanese edition published 2000
by Iwanami Shoten, Publishers, Tokyo
by arrangement with
The University of Chicago, Chicago.

一九八五年版への序

一九五〇年の冬、シカゴ大学から一連の講演を行うようにとの要請を受けたとき、私は大学で講演するということが実際どのようなものであるのか、全く知らなかった。私は少人数の集まりで形式ばらない話を何回かすればよいのだと思い、これは四半世紀におよぶ私の外交実務の経験から引き出された洞察をもとにして、アメリカ外交のいくつかの問題を考察してみるにはよい機会になるかもしれないと考えた（そして実際、そのような機会になった）。けれども、この講演は私が予期したよりもはるかに重大な仕事であることが後にわかったのである。学生聴衆の強い関心がかもし出す会場の雰囲気が私の予想以上のものであったばかりでなく、出版されたこの講演がその後長年にわたり世間の関心をひき続けるようになるとは、なおさら私が予想もしないことであった。このような世間の関心のゆえに、今日、それらの講演を増補版という形で再刊することは許されるであろう。

私は「増補」という言葉を強調したい。それは私がつい先頃グリンネル大学で行なった二つの講演が本書の第三部として収録されているからで、それらの講演はシカゴ講演を補う意味をもっているからである。それらは一九五〇年の講演では扱われず、また確かに扱うことができなかった問題で、その後アメリカの世論の重大関心事となった諸問題を、少くとも部分的には扱っている。それらの問題の中でとくに重要なものは核兵器競争によってひき起こされた諸問題であり、また朝鮮戦争中およびその後の冷戦の展開に関連する諸問題であった。

核兵器の問題は、シカゴ講演では扱われなかった。なぜなら、当時私はまだ、無邪気にもと言われるであろうが、この種の性格の兵器に基づいて自国の防衛政策をたて、他の国にも同様の策をとらせるような決断を下し、それによって、われわれの前面に立ち現れつつあるのを私が見た恐怖の部屋へと入りこんでしまう前に、アメリカが立ちどまるであろう、それより先には進まないであろうと思っていたからである。私は「原子爆弾」(当時はそのように呼ばれていた)が、有効な武器であるためにはあまりにも恐ろしく、また無差別的であるとして拒否され、その結果、無視されることを望んでいた。核兵器に関するアメリカの政策は、まだ当時は判断材料とすべき点数が出ていなかった。私はこの問題について推量することを奨励したいとは思わなかった。人びとが核兵器のない状況の中でのアメリカの問題に答えを見出すのを助けようとすることが私にとって最善であると考えたからである。そのこと自体難しい問題であった。また冷戦の政治的諸相についていえば、確かに当時朝鮮戦争が始まっていたが、それはまだ新しい事態であった。戦争の結果がどうなるかはまだ不明であり、それに関するアメリカの政策もまだはっきりしていなかった。戦争の教訓は十分明らかでなく、スターリン後の時代はまだ始まっていなかった。

そのようなわけで、シカゴで私が話題としたのは今世紀前半のアメリカ外交、核以前、一九四五年以前の状況におけるそれであった。シカゴ講演はその最後の部分で第二次世界大戦の時期を扱ったに過ぎず、大戦の起源とその歴史的意義の解釈について考察しただけで、その結末には触れなかった。

本書の第二部を構成する二つの論文(ともに『フォーリン・アフェアーズ』に掲載された論文である)は、もともとシカゴ講演集の初版に付け加えられていたものである。そのうちの一つは戦後の問題の輪郭がまだあまり明確でなかった、かなり早い時期に書かれたものであり、もう一つは、シカゴ講演とほとんど同じ時期に、したがってそれと同じ状況の制約の下で書かれたものである。

グリンネル講演はシカゴ講演と現在との間に生じた間隙のごく一部分をうめることを、すなわち一九五〇年以降の年月の間にアメリカの政策決定者たちが直面した特定の、そして多くの点で新しい問題について、それもいくつかの面に限って扱うことを意図したものである。けれども、それらの面のあるもの——とくにアメリカが極東で直面した問題に関するもの――は、シカゴで取り扱った問題と特別な関連性があり、したがってそれを本書に収めるのは適切であると思う。

シカゴ講演で扱ったような、法律家的・道徳家的発想の過剰という問題は、今日では大部分過去のものとなった。たしかに、われわれは今でも、そうすることがわれわれの目的に合致する時、この二つのものの過剰に陥る傾向をもっている。しかし冷戦の驚くべき経験は、奇妙な結果をもたらした。私は、最近の何年間か、実際に私の周囲に見出す以上に、何が適法であるかというわれわれの観念にもう少し多くの道徳性があり、何が道徳的であるかというわれわれの観念に適法性に対するもう少し多くの配慮があればと思うことが多くなった。おそらく、今世紀の最初の五〇年間のアメリカの外交も、また一九五〇年以来われわれを悩ましてきた非常に異質な問題へのアメリカの反応も、ともにそれぞれの時期の個々の対応を超えた、より根本的な現実を反映している。その現実とは、軍事的な力を政治的政策に関連づけるための、一般的に受け入れられ、長続きするような理念の欠如であり、他国との関係において、現実的でそして切実な必要となっている成果を達成することよりも、むしろわれわれ自身についての自己満足的イメージを増幅させるために、他の国々に対する政策を形成しようとする相変らずの傾向である。多分この本はこれら二つのわれわれの国民的な欠陥を意識させるという目的に役立つのではなかろうか。

序

アメリカ合衆国の外交官として多年公務に従事した後、私は、第二次世界大戦以後の困難な時期において、アメリカ合衆国の外交政策を樹立するための責任の一端を担うこととなった。政策企画室《ポリシー・プランニング・スタッフ》——この企画室を組織し、設立当初の何年かの間その室長を勤めることが私の任務であった——は外交上の諸問題を、アメリカの国家的利益の一部分に関連づけるのではなく、その全体的な見地から検討する任務を与えられた、国務省における最初の常設部署であった。この企画室内で働いた人びとは、わが政府の内外を問わず、アメリカ合衆国の対外関係の運営の背後にある基本的観念について、なんら一般的な意見の一致が存在しないことに、間もなく気がつくようになった。

最近数十年間わが国の政治家たちを導いてきた諸観念について、私が調べてみようという気持になったのは、わが国の対外関係を運営する際の理論的基礎として、充分に論述されまた広く容認されたものがなかったということを知るに至ったからである。結局、われわれが処理することを強いられた新しいしかも重大な問題は、大部分過去二回におよぶ世界大戦の結果が生んだものと考えられた。国際情勢の展開のリズムからいって、現世紀への転換期が、アメリカ外交とこれら二つの大きな戦争に対するその関係とを検討するための適当な出発点であると考えられた。一方において米西戦争の終結および門戸開放に関する第一回の通告と、他方では第一次世界大戦の勃発との間には、一五年の歳月がたっている。国際社会の重大問題をめぐる因果関係についてわれわれの知っているところからみても、これは相当長い期間であり、それは、その間に当時のアメリカ合衆国のような強力な国が、その影響力を終始一貫して決断をもって行使するならば、世界情勢の動向に少なからざる影響を及ぼすことができたかもしれない時期であった。同じことが二つの世界大戦の間の時期についてもいえることは明らかである。一九〇〇年頃にはわれわれは、わが国の力が世界的な影響力をもっており、またわれわれも世界のはるか彼方のできごとによって影響されるものであることを、一般的に気がついていた。それ以来われわれの利害関係は、絶えずこのようなできごとと多大の関連をもったのであった。

これらの新たな問題に対応しようとする努力において、わが政治家たちを動かしたものは、いかなる観念であったろうか。外交政策の領域におけるわが国の基本的目的について、かれらはいかなる仮定をもっていたであろうか。かれらは一体何を達成しようと考えていたであろうか。かれらの抱いていた観念は、後から考えてみて、果して妥当であり有効ないて深い理解を——つまり、われわれとしておそらく忘れてしまっているとしても、再び蘇らせて、われわれの行動の基礎にすえなければならないものを——反映していたのだろうか。それとも、かれらの観念は始めから終りまで不十分なものであり、皮相的なものではなかったのか。

これらの疑問のゆえに、私は過去半世紀のアメリカの外交活動の記録——私的回顧録および文書の間断ない発表ならびにこれらの資料を研究し分析するアメリカの学界の優れた努力によって、その記録は着々と豊富になってきたのだが——に好奇心をもつようになったのである。外交史学の領域における一介の初心者として、私はその研究的成果に何か貢献しようと望むこともできないし、またこれらの問題について発表された二次的資料のすべてを包括的に検討することさえできるとは思っていない。したがって、本書に載せられた講演は、公表された主な資料についてのいわば素人なりの解釈を——すでに述べたような好奇心によって力づけられて——当面の諸問題に適用するとともに、それによって自ら示唆されるような解答を提示しようとする一つの試みにすぎないのである。

私自身の立場からみて、ある程度互いに矛盾する二つの考慮が、この探究を特別に興味深いものにした。その第一のものは、米西戦争から第二次世界大戦終了に至る間のアメリカ外交政策の形成が、多くの傑出したアメリカ人――格別な叡知と教育とを兼ね具え、人格の円満さと経験の広さとの故に多大の尊敬をうけていた人びと――の活動と貢献とを得てなされたことは間違いないということである。いくつかの場合には、かれらは実際にわれわれが見出し得る最善の人びとであった。もし対外関係に対するかれらの考え方において何か不十分なものがあるとするならば、それは、他の世界に対する関係についての、また対外関係を形成する場合のアメリカの利益についての、理解の仕方における欠陥が、アメリカ国民の意識の中に深く根ざしているということになり、これを是正することは全く難しいであろうということになるのである。

これと並んでもう一つ言えることは、わが国の安全ないしはわれわれが自国の安全とみなすものは、過去半世紀を通じて驚くほど減退してきたという無視し得ない事実があることである。一九〇〇年には自らの繁栄と生活様式とが外界によって脅威されようなどとは考えもしなかった国が、一九五〇年頃にはこのような危険以外のものを考えることができないような有様になったのである。

これはどう説明されるだろうか。どの程度までそれはアメリカの外交の過誤によるものであろうか。それがアメリカの外交の過誤によるものであったとするなら、どういう点が間違っていたのだろうか。――外交を動かした指導的観念の間違いであったのか、それともそれを実施するやり方が間違っていたのであろうか。それがわれわれの力の及ぶ範囲外にある事情によるものであるとするなら、それはどういう事情であり、またそれはどういう意味をもっていたのか。それらの事情はいまだに作用しているのであろうか、またそれはわれわれをどこに引きずって行くのであろうか。これらの疑問に対して、かりに答をもっていると思っても、六回の講演によって、徹底的な解答を与えることができようなどとは考えられない。そこで、本書の連続講演において試みたことは、これらの疑問に照らして個々のエピソードおよび情勢を検討することにある。私は、事件をとり上げて印象を述べる方法が、いかなる直接的表現による試みよりも、手元にある資料に対する私自身の考え方をよく伝えるだろうことを希望している。概括的結論を出す努力はこの講演の最後の部分でなされる。私は、これらの講演が、その細かい論点については経験ある外交史専門家の批判的判断に堪えられないであろうと思うし、また、この講演の示唆する結論には多くの異議が出るであろうと予想している。しかし、もしこの講演が、これらの問題に対する考究をさらに推し進め、私よりもっと賢明であり学識のある人びとによって貴重な努力が払われるための刺戟として役立つならば、その目的は達成されたといえよう。

シカゴ大学で行われたこの講演は、第二次世界大戦までと、その戦争中のアメリカの外交を包括しているものの、今日わが国の世論を引きつけ議論の的になっている米ソ関係をめぐる諸問題について、ほとんど直接的には論及していない。それゆえに誰でもが、この講演の現在の問題に対する関連性を十分に理解するというわけにいかないかもしれない。したがって、私が講演において行なったと同じ知的アプローチを、今日の諸問題に適用したものと言ってもよい米ソ関係に関する二つの論文を、本書に含めるのは適切なことと思われる。

この六回におよぶ講演を主催したアメリカの諸制度の研究のためのチャールス・R・ウォルグリーン基金の役員諸氏および当初この二つの論文が公表された『フォーリン・アフェアーズ』誌の編集者に対して、私はここに感謝の意を表する。

一九五一年六月

ニュージャージー州プリンストンにて

ジョージ・F・ケナン

目次

第二部

第三部

第一部

第一章　スペインとの戦争

まず私はこれから六回にわたる講演の構想について一言申し述べたい。この構想は、歴史のための歴史というような抽象的な興味に基づいているのでなく、われわれが今日直面している外交政策上の諸問題と取り組むことを通じて生れ出たものなのである。

半世紀ほど前のアメリカ国民は、おそらくローマ帝国時代以後どんな国民もかつてもったこともないと思われるほどの安全感を、自分の世界的環境に対して抱いていた。今日その様相はほとんど逆になっている。現在アメリカの国民意識を支配しているものは安全についての不安感であって、その不安感は、われわれの憂慮の主要な根源となっているものにより近接しており、またその危険に対してははるかに弱い立場にある西欧諸国民の多くが抱いている不安感よりも深刻なものである。さて、このような変化の多くは主観的なものかもしれないし、事実その通りである。――一九〇〇年にわれわれは、アメリカの地位の安全を誇張しすぎ、かつアメリカの実力と問題を解決する能力に対して過大な自信をもっていたのに対して、今日では逆にアメリカの当面する危険を誇大視し、かつ実際以上にアメリカ自身の能力を低く評価する傾向をもっているという事実を反映しているのである。しかし、この変化の多くは客観的な事実でもあるということを否定することはできない。すなわち、一九〇〇年における政治的・軍事的現実の中には、われわれが直接的な意味において脅威を感ずべきものはほとんど存在しなかった。ところが今日われわれが当面している事態は、――私は率直に認めるのだが――重大な危険と問題とを含んでいるように思われるのである。

このような状況の変化は何に起因するのか。かつてあれほどの安全を享受していた国が、どうしてこれほどまでに安全を失ったのか。この事態の悪化は、どの程度まで「われわれ自身の過誤」によるものであるか。どの程度われわれが、われわれを取り囲む世界の現実を理解せず、またこれを考慮に入れなかったことに起因しているのであるか。

いいかえれば、幾多の困難と危険によって圧迫され取り囲まれており、今日の世界――その一部分はわれわれを破滅させようと決意しているように見え、他の部分はわれわれあるいはそれ自身への、あるいはその双方への信頼を喪失しているように見える世界――に囲繞されているわれわれ一九五一年の世代にとって、過去五〇年間におけるアメリカ合衆国の対外関係の記録は、いかなる教訓を含んでいるかということである。

これらの疑問こそ、最近数ヵ月の間、過去五〇年間のわれわれの国策決定のいくつかを再検討することに私を立ち戻らせたものである。この連続講演がこれらの疑問のすべてに解答を与えたり、またはこの疑問のどれか一つにでも全く議論の余地のないほどの立派な解答を与えるであろうという希望を、私が諸君にもたせることなどとうていできないことである。

しかしながら、私の考えでは、われわれとして望み得ることは、この期間における国家政策上の主要局面のあるものを再び取り上げ、後から考えて当時採りえたであろう他の方策やその結果と思われるものと照合して、これを再検討することは有益なことであるということである。われわれはそれを試みる充分な理由をもっている。一〇年前にさえ分からなかったことで、今日われわれによくわかっていることがたくさんあるというだけでなく、私は、われわれがこのような探究に一種の新たな重大性を付与することができるかもしれないと希望しているからである。この新たな重大性とは、われわれの生涯において体験したあの巨大な破壊と犠牲とを回顧することによって生ずるものであり、また二度の悲劇的な世界戦争以前においては、ほとんど誰もが思いも及ばなかったような大きな悲しみと、深慮とを伴ったものなのである。

私がまず最初にお話ししたいと思うのは、米西戦争についてである。二〇世紀後半の初頭というより、むしろその二〇世紀前半の最後の年にあって、今日われわれのあるものは、従来アメリカの安全が依存していたと思われるいくつかの基本的要素を理解している。われわれは次のようなことを知っている。つまり、われわれの安全はわれわれの歴史の多くを通じてイギリスの地位に依存してきたこと、とくにカナダはアメリカとイギリス帝国との友好関係を維持するため有効かつ不可欠な人質ともいうべきものであったこと、そして、そのイギリスの地位はヨーロッパ大陸における勢力均衡に依存していたこと、などである。それゆえ、アメリカにとって、イギリスにとってそうであったと同様に、欧亜大陸全体がただ一つの陸軍強国によって支配されるようになることを許すわけにゆかないというのが、安全保障上の基本的な要件であった。アメリカの利益は大陸内部の強国間にある程度安定した均衡を保持することにあった。そのような均衡の保持によって、大陸内の強国が他の強国を征服し、大陸の海辺地帯を占領して、陸軍強国たるとともに強大な海軍強国となることによってイギリスの地位を危うくし、ついで――そのような状況において当然予期されることだが――ヨーロッパとアジアの大陸内部の巨大な資源によって守られつつ、われわれに敵対する海外膨脹に乗り出すのを防止しようとするにあったのである。このように考えれば、われわれが、ヨーロッパおよびアジアの外辺に位置する諸国の繁栄と独立とに重大な利害関係をもっていたことを理解することができよう。これらの国の眼は、大陸内部の征服に向けられているというより、いつも外側に向けられ、海の彼方を凝視していたのである。

現在ではわれわれはこのような事実を知っているし、あるいは知っていると思っている。しかし、一八九八年頃のアメリカ人にとって、これらのことはいまだほとんど理解されていなかった。というのは、当時のアメリカ人は百年以前かれらの父祖たちがよく知っていたことをほとんど忘れてしまっていたからである。かれらはアメリカの安全な地位にあまりにも慣れすぎていたため、それがアメリカ大陸以外の事情になんらかの形で依存していることなど忘れてしまった。かれらはイギリスの海軍とその大陸外交によって庇護されているアメリカの地位を、旧世界の浅ましい争いに干与しないというアメリカの優れた知性と徳性の結果であると誤解していた。だからかれらは、その後半世紀を通じて、かかる安全保障の型を打破する運命を担っていた諸変化の最初の前触れに対しても、全く気づかずにぼんやりとしていた。

もちろんこれには例外がある。ヘンリー・アダムスの弟、ブルックス・アダムスは、多分同時代のどのアメリカ人よりも、アメリカの将来がどうなるかについて一種の知的予言力をもっていた人物である。(1) そのアダムスにしてもほんの一部分を予見したにすぎない。彼は、イギリスの地位が漸次弱体化すること――彼の言葉によればイギリスの経済的地位の「偏倚性」の増大、すなわちアメリカにますます経済的に依存すること――と、それとは逆に、合衆国がますますイギリスに対する戦略的依存度を強めることを予見した。彼は、海軍強国と陸軍強国との区別の究極的重要性を感得していた。おぼろげに、彼はロシアとドイツとそして中国との間の政治的合作の危険を感じていた。しかしながら、彼の考えは当時の唯物主義によって歪められていた。つまり彼は、人類社会を動かす諸要素として、経済とか貿易を過大評価する反面、心理的・政治的反応――恐怖、野心、不安定感、嫉妬および倦怠感というようなものさえも含めて――を相対的に軽視していた。

当時マハンもまた国際政治の現実の分析のため新たな道を探求していたが、その道はアメリカの安全の源泉について、さらに根本的な検討を加えるという方向に向けられた。これ以外に名前を挙げ得る人もいるが、しかし全部合せても本当に少人数の一団を形成するにすぎなかった。かれらの努力は、その当時においてもまたその直後においても、他の人びとによって継承されなかった。かれらの努力は、いわば歴史の空間にぶらさがっていたようなものである。つまりアメリカ人の外交問題に関する独りよがりのまた魯鈍な考え方が広がっていた中での、孤立した知的活動のほとばしりにすぎない。そしてかれらは皆、世紀の転換期における優れた洞察力をもった頭脳の持主であったが、誰もその探求をヨーロッパ大陸の闘争の場面にまで及ぼさずに終った。ところがヨーロッパ大陸こそ、アメリカの安全にとり最も重大な結果をもたらすべき事態が生起することを運命づけられていたところであり、われわれがアメリカの利益を形成する諸要素を根本的に分析し、かつそれを慎重に確認することを最も必要としていたところである。

以上のような理由から、今日私が論じている事件——一八九八年のスペインとの短い戦争——が起った時、アメリカ国民および政府がアメリカの安全を支える世界的体制について充分な認識をもたなかったことは明らかである。このようなわけだから、戦争を勃発せしめるに至った情勢および戦争自体の推移とその結果の多くが、その重要性において主として局地的のものであり、また国内的のものであったことは幸運であったといえよう。この講演が先に進んで二〇世紀に入ると、われわれは、われわれの運命と行動の世界的関連性が年を重ねるにしたがって増大し、ついには第二次世界大戦において決定的に重要性をもつに至ったことを知るであろう。しかし米西戦争当時においてはかかる関連性はほとんど存在しなかったし——あるにしてもフィリピン領有がそれに最も近いものであった。アメリカの世界政治への関わりという点では、このように特色のない戦争を、本日の午後中を費やして論ずるゆえんのものは、それが過去半世紀にわたる外交の再検討のいわば序説をなすものであり、外交問題に対するわが国民の反応とこれを処置するやり方について、簡単ではあるが一風変った説明を与えるものであり、そして、もしアメリカが世界的指導者としての責任を担う能力をもつような強国になるとするならば、ぜひとも克服しなければならない過程を教示しているからである。

御承知のように、スペインとの戦争はキューバにおける事態によって惹起された。それは植民地支配体制の衰退ないし崩壊を運命づけていると思われるあの不愉快な、悲劇的なまた絶望的な事態の一つに外ならない。われわれはこのような事態を他でも見たことがあるし、そのいくつかは程遠からぬ以前に見たことがある。キューバ島におけるスペインの支配はキューバ人の叛乱勢力によって挑戦された。かれらは訓練も未熟であり、充分に組織されていなかったが、いたるところでゲリラの古典的原則に基づいて活動し、自分の土地で不人気な外敵と戦うというゲリラが持つあらゆる利益を享受していた。この叛乱を弾圧しようとするスペイン側の試みは非能率的で残酷であり、そして部分的にしか成功しなかった。このような事態は長い間に形成されてきたのであり、断続的ながら数十年間にわたって醸成されてきたものである。グラント大統領は米西戦争のおこる二〇年前、一八七五年に大統領教書の中で、この間の事情を非常に巧みに要約している。

双方とも相手に対して大きな損害を与えることができ、また同時に島内の平和の存続に依存しているあらゆる関係と利益とに対しても重大な被害を与えることができるように思われる。だが、両者はなんらかの妥協に達することができないようであり、また今までのところ、全島を占領支配することによって相手を排除するような成功を達成することもできていない。このような状態の下では、調停か干渉のいずれかの形で第三者が介入することが、抗争を終止させるために、遅かれ早かれとらるべき唯一の手段であるように思われる。(2)

なるほど一八七五年から一八九五年までの二〇年間に多少の改善の跡はあった。だが一八九五年には再び叛乱が起った。今度は従前のに比べてもっと血なまぐさい、悲劇的な様相をもったものであった。そして一八九六年と一八九七年頃には、わが国の政府、新聞および一般国民にとって憂慮と驚愕の度をいよいよますますようなものとなった。

厳格にいって、われわれとしては、キューバの叛乱事件はなんら干与すべき問題でないといって、自然の成行きにまかしておくこともちろん可能であったろう。われわれの安全は今日われわれが考える意味では脅かされていなかった。しかしながら、アメリカ人所有の財産が損傷を蒙ったし、叛乱軍に味方するアメリカ人の武装集団や武器売込人たちなどの活動は、アメリカ政府にとって頭痛の種であった。とりわけ、アメリカの世論はキューバから伝えられる暴虐と悲惨な状態に関する物語によって深刻な衝撃をうけた。当時のアメリカ人の感受性は二〇世紀の絶大な恐怖と残虐とによってまだすり減らされていなかったから、キューバ人の悲惨な状態はわれわれの感受性に訴え、われわれの間に義憤をわき立たせたのである。このことは、キューバにおけるこのような事態が長く続くことはわれわれの利益にとって許しがたいものであること、またもしスペインがこの状況を終らせることができないならば、アメリカとしてなんらかの方法によって干渉しなければならないことを、アメリカの政治家に確信させたのである。

一八九七年の秋には事態はわずかながら好転した。スペインでは前よりも穏健な新政府が政権を握った。この政府は、キューバにおける不幸な問題を解決しようとする意向を、前の政府よりも多分にもっていた。一八九七年一二月議会宛教書において、マッキンレー大統領は、事態の好転を認めて、アメリカとしてスペイン新政府に時局収拾の機会を与えるべきであると勧告した。「私はスペイン政府の誠意を問題にするようなことはしない。また、焦慮のあまりスペイン政府がやりかけている困難な仕事の最中に、同政府を当惑させるようなことをすべきでない」と彼は述べている。彼はまたこう言っている。いくつかの障害はすでに除去された。われわれが辛抱強い態度をとり、スペイン政府側が善意をもちつづけるならば、これ以上の進展を期待すべき理由があると。こうして、一八九八年という年は、キューバ国民の窮状がさらに悪化するのではなく、改善されるであろうという新たな希望をもって始まったのであった。

不幸なことにその冬に起った二つの事件が、このような情勢を著しく変化させてしまった。第一にそれはワシントン駐在のスペイン公使が無分別な書翰を書いたことである。彼はその書翰の中で、マッキンレー大統領に対して軽蔑的言辞を用い、彼を「大衆の人気を得ることばかり考えている人物」であり、「自分の党内の好戦論者と手を握りながら他方では逃げ途を開けておこうとする……えせ政治家」であると述べたのである。(3) この書翰が洩れて、ニューヨークの新聞に発表されると、多大の憤激と反撥とをまき起した。そして数日後には戦艦「メイン」がハバナ港で沈められ、アメリカ人二六六人の生命が失われたことを聞き、アメリカの世論は大きな衝撃を受けるとともに忿怒を新たにしたのである。

今ここで回顧してみると、これらの事件のいずれもが、それ自体では充分な開戦の理由にはなり得なかったように思われる。スペイン政府としてその在外使節の無分別をどうしようもなかった。――外交官といえども無思慮なことをすることはよくあることであり、このようなことは最良の外交官でもやりかねぬことである。スペイン政府は彼を即時解職し、彼の失礼な言辞を否認したのである。そして「メイン」事件については、スペイン政府がこの軍艦の沈没についてなんらかの関係をもっていたという証拠は何もなかったし、それに関与していたという示唆に対して狼狽以外の反応を示したという証拠もなかった。スペイン官憲のみならずハバナ駐在の米国総領事もまた、当時「メイン」の派遣が紛議を醸すかもしれないという危惧に基づいて、その中止をワシントンに懇請したのである。スペイン政府はこの惨事の及ぼす影響を緩和すべくあらゆる手段を尽くした。現にスペイン政府は事件の調査を歓迎し、最後には責任問題のすべてを国際仲裁裁判に付託することを提案した。――この提案をアメリカはついに受諾しなかった。

しかしながら、この二つの事件はアメリカの世論をあまりにも刺戟したので、戦争は「メイン」の沈没によって不可避となったのだというのが、歴史の判定であるようである。事実右の事件以後、アメリカ政府によって事態の平和的解決が真面目に考慮されなかった。このことは特に重要なことであり、また不幸なことであった。というのは、「メイン」沈没と戦闘行為の開始との間の九週間の間に、スペイン政府はわれわれの要求と要望に応ずべく非常な譲歩をしたからである。四月一〇日(戦闘開始一一日前)、マドリッド駐在米国公使――戦争勃発を防止するため真剣な努力をした賢明かつ慎重な人物であった――は、もし大統領が自己の裁量通りに時局収拾を図る権限を議会から得ることができるならば、叛乱軍が受諾し得るような自治供与、完全独立あるいは合衆国への割譲など、いずれかの基礎的条件に基づいて最終的解決を八月一日までに遂げることが可能であると報告してきたほど、スペイン政府は折れてきていたのである。この報告がなされた同じ日に、スペイン女王はキューバでの完全休戦を命令し、ワシントン駐在スペイン公使は、「それ以上の措置を要求すべきいかなる動機も口実も残さないような」自治制度の早期実施を、アメリ

カ政府に約束している。(4)

これらはもちろん、両国政府間の長期にわたりかつ錯雑した通信の中から取り出された個々の一節にすぎない。私がこれらを引用したのは、少くとも文書の上では、一八九八年四月の上旬頃スペイン政府は、われわれが要求していたような種類の態度と措置に非常に急速に接近してきていたことを示すためである。けれど、それにもかかわらず、合衆国政府はこの最後の瞬間の譲歩によって少しも影響されなかった。そればかりか、議会における感情と行動を抑制して、明らかに戦闘行為の早期開始へと進んでいた方向を転換させるような措置をなんらとらなかった。

さて、当時の人びとが考えたように、スペイン側の譲歩の多くはあまりに遅すぎ、また充分に信頼できなかったということは事実であり、また、この頃の叛乱軍には、スペイン官憲と少しでも協力するというような気構えもなく、またこれを可能ならしめるような規律を欠いていたのもまた事実である。だが、これらの事情が、アメリカ政府の戦争決意を決定したものであるとは考えられない。むしろこの決定は、アメリカの国論の状態、議会選挙の年であったという事実、一部のアメリカの新聞による臆面もない全く狂信的な戦争挑発行為、および政界各方面からほしいままにまた露骨に大統領に加えられた政治的圧力などに帰せらるべきものである。(ついでながら戦争の挑発者とみなされることがある財界・実業界方面は、この決定になんら関与せず、一般的に戦闘への介入を嫌っていたということは興味ある事実である。）

御承知のように、このすべての結末が四月二〇日のアメリカ議会の決議なのである。右決議は、「スペイン政府がキューバにおける権限と行政権を即時放棄し、かつキューバおよびその水域から地上および海上兵力を撤退することを要求することは、アメリカ合衆国の義務であり、よってアメリカ合衆国政府はここにその要求を行うものである」というのである。さらに右決議は、大統領に対しかかる要求を貫徹するために「必要と思われる限度において……合衆国の地上および海上の全兵力を行使する」ことを命令し、かつその権限を与えたのである。われわれはスペイン側に対して、この決議の要求に応ずるか否かについて三日間の期限付き最後通牒をつきつけた。われわれは、スペインがこれを受諾しないであろうし、また受諾することができないことを知っていた。次の日の早朝スペイン側は、最後通牒の通告を待たずに、この決議は「宣戦布告にも等しい」ものであると声明し、アメリカとの外交関係を断絶した。その同じ日に戦闘行為がアメリカ政府によって開始された。こうして、アメリカ政府は、戦争に至らざる手段による解決の可能性が全然消滅したといい得ないような状況の下において、議会および国民の強力な要求に屈従して、他国への戦闘行為を開始したわけである。

米西戦争の始まりは以上のようなものであった。次にわれわれがいかにこの戦争を戦ったか、とくにフィリピン領有の経緯について、少し触れてみよう。諸君は、私がたった今引用した議会の決議において、キューバ島しか言及されていないことを想起されることであろう。アメリカの議会がキューバ以外の領土になんらかの興味をもっていたり、または、スペイン軍のキューバ撤退に直接関係のないいかなる目的にも、アメリカの兵力を行使する権限を大統領に与えたということを示すような文句は、その決議の中に全然見当らないのである。右決議は一八九八年四月二〇日に可決された。ところが、それからたった一一日後には、デューイ提督が早朝マニラ湾に入港して、そこにいたスペインの艦隊を攻撃し、これを破壊したのである。そしてそのわずか数日後に、マッキンレー大統領はフィリピンへの占領軍派遣の準備を命令した。この軍の使命は、デューイの戦勝に引きつづいて、「同方面のスペインの権力の抹殺を完成し」、そして、「合衆国が占領している間フィリピンにおける安全と秩序とを」樹立することであった。(5) 派遣軍はフィリピンに到着し、行動を開始した。八月にはマニラ市に殺到し、これを奪取した。この軍事行動の結果が、後になって、フィリピンをスペインから切り離して、合衆国の領有下に置くという最終的決定を考慮するに当って、最も重要な、おそらく決定的な要因となったのである。というのは、この軍事行動は比島におけるスペインの統治を全く破壊してしまったために、われわれが同島をスペインに委ねることも不可能となり、すぐ後で説明するように、われわれ自身それを引き受けるより外にいい方途がなくなってしまったからである。

一体どうしてこうなったのか。米西戦争の原因の中に、フィリピンに対する軍事行動を正当化すべき何ものも見出せないならば、その背後にひそむ動機は一体何であったのか。換言すれば、それ以前にはアメリカがほとんど利害関係をもたなかった太平洋の一大群島の併合を後に余儀なくさせたような行動を、一八九八年五月になぜわれわれはとったかという問題である。私はこの問題を、当時のアメリカの政治家の道徳的判断の問題としてでなく、どういう過程を経てアメリカ合衆国政府の決定が下され、それが遂行されるかを解明する一つの問題として取り上げるのである。

本当のところ、われわれは今日に至るまで、この問題に対する充分な解答を知っていないのである。われわれは次のようないくつかのことを知っている。当時海軍次官だったセオドア・ルーズヴェルトは、フィリピンを領有すべきであると久しく考えていたこと、彼はアジア艦隊の司令長官にデューイ提督を任命すべく苦心したこと、彼もデューイも共に戦争を欲していたこと、そして、彼は、戦争の起因または目的の如何にかかわらず、デューイがマニラを攻撃すべきであるとの一種の了解を、デューイとの間に前からもっていたことなどである。さらにわれわれは、マッキンレー大統領が後にデューイの行動を弁護するに当り、その本当の意義について全く貧弱な理解しかもっていなかったことを示していたし、また全く事実無根にすぎないいくつかの戦略的前提を信じていることを明言していたことを知っている。マッキンレーは、彼がマニラ攻撃戦当時フィリピンを領有する意思をもたなかったといい、そしてデューイの行動はスペイン艦隊を破壊し、その軍事的要素としての存在を抹殺することのみを目的としたものであるとしている。しかし、これが本当であるとしても、何ゆえマッキンレーがデューイの勝利わずか数日後に占領軍の派遣を許可したかについて、われわれは依然理解に苦しむのである。マニラ攻撃戦の前にデューイとワシントンの政府との間で何が協議されたかについて、われわれが本当のことを知っているかどうかあまり自信はない。ただいえることは、この場合アメリカ合衆国政府の行動が、ワシントンで枢要の地位を占めていたわずかの人びとによって非常に巧みなまた内密の陰謀に基づいて、主として決定されていたということである。この陰謀は戦時の興奮のおかげで赦免され寛大な取扱いをうけたばかりか、一種の国民的祝福すらうけたのであった。デューイの戦勝がアメリカ国民一般にとりそれほど感激的であり愉快であったのである。しかし、もし戦争の結果が逆だったならば、その陰謀は苛烈なそして不愉快極りない議会側の査問の前におののくという結末に立ち至ったことであろう。

われわれの戦争開始の背後にあった諸決定については、これくらいにしておこう。だが米西戦争に関連したもっと広範な政治的諸決定——フィリピンのみならずプエルト・リコ、グアムおよびハワイ諸島などの最終的併合をもたらした諸決定に関してはどうであろうか。これらの決定は、われわれの立場からして極めて重要なものであった。これらは、私の考えをもってすれば、アメリカの政治組織に関する観念全体において一つの転換期を画したものである。一八九八年のこれらの領土獲得は、サモア島統治へのわれわれの参加を別とすれば、北アメリカの大陸的限界外にある重要な領土に対する最初の合衆国主権の拡張を意味するものであった。それは、いつかは合衆国の一州として編入するという一般的な期待をもたずに、相当大きな人口をアメリカ国旗の下に置いた最初の例をなすものであった。それまでにわれわれが獲得した領土は、州としての資格を直ちに与えるには人口があまりに稀薄な土地であった。これらの土地を合衆国の直轄領として取り扱うのは、それがわれわれと同種の人間によって満たされ、「連邦」へ編入の準備ができるまでの一時的便法とみなされていたためであった。

だが、一八九八年に初めて、いかなる場合にも州としての資格を全く承認されず、むしろ無期限に植民地として従属的地位を脱却し得ないものと考えられた領土が獲得されたのである。膨脹主義の主唱者らはこの点非常にはっきりしている。かれらのうち最も思索的でありかつ最もはっきりものを言う一人であるホワイトロウ・リードは、人びとがこれらの新領土を州としての資格を与えらるべき候補地と考えはしないかとの憂慮を、しばしば表明していた。なぜならば、もしそのような考えを抱くならば、かえってかれらがこれらの領土の獲得を好まないであろうということを知っていたからである。膨脹主義の反対者であったアンドリュー・カーネギーは、まさにこの点についてリードを攻撃している。「君はこれらの島々をすべて州として編入することに反対しているが、それは無駄だ。君は結局どれもこれも呑み込まなくてはなるまい」と彼は述べた。[6] こうして問題は正しく提起され、それは州の資格を与えるつもりのない領土の獲得の問題として直視されたのである。

この問題について長い間たくさんの論争が行われた。その多くは法律論に関するものであったが、しかし真の問題点は法律論にあるのでなく、利害得失論といずれが賢明かの分別の問題であった。膨脹論者はいろいろな議論を展開した。ある者は、これらの領土獲得はわれわれの「明白な運命《マニフェスト・デスティニー》」であると述べた。他の論者は、われわれがいろいろの理由からこれらの領土に対して優越的利益をもっていると述べた。さらに他の者は、われわれは文明国およびキリスト教国として、これら無知にして迷える住民たちを更生させる義務があると主張した。また他の議論によれば、これらの領土は、わが大陸領域の防衛上必要であるというのであった。最後に、商業を重視する人たちの言い分によると、偉大な将来をもつと思われた東洋貿易において、分相応な分け前を確保するために、われわれは、これらの領土とくにハワイおよびフィリピンを獲得しなければならないというのであった。

膨脹主義の反対者は、かかる取極めの合憲性を疑い、多少法律論を闘わしたものの、その最も有力な議論は、次のような疑問を提起する点にあった。つまり、政府の正しい権力はその淵源を被治者の同意に発するとの命題に基づいて建国したわれわれアメリカ人は、一体いかなる権利によって、他の国民に対して帝国的権利を行使し、かれら自身の感情いかんにかかわらず、かれらを市民としてでなく被支配者としてわれわれの組織内に包容することができるのかというのである。スペインとの平和条約の批准に関する討議中、マサチューセッツ州選出ホアー上院議員は、外国の領土を併合し、これをその住民の同意なくして統治することは、独立宣言の神聖な諸原則に全く背馳しており、また憲法の諸目的を推進するものでない以上違憲であると述べた。同議員はさらにこう言っている。建国の指導者たちは、彼等の子孫が、「これらの神聖かつ厳粛な真理に叛いて、金ぴかの皇帝や安物の王様の古着を着込んでいばって歩き廻るようなことをしよう」とは思わなかったし、また、「彼等の子孫が、七月四日の独立記念日の朝、爆竹の音で昂奮する幼い子供のように、火薬のにおいやたった一つの戦勝を祝う砲声によって昂奮する」などとは決して考えなかったろうと。(7)

帝国主義者たちの最も強力な議論は、実際は今私が述べたようなものでなく、時に予防的必要と呼ばれるようなものであった。――その議論というのは、われわれがこれらの領土を取らなければ、誰か他の国が獲得するだろうし、それではもっと具合の悪いことになるというのである。プエルト・リコおよびハワイの場合、この議論は実情に沿わないものと思われる。誰も別に干渉しようとする気配が実際存在していなかった。われわれの安全に関するかぎり、プエルト・リコをスペインの手に残すか、キューバのように独立を与えるか、どちらにしても全く安心していられた。フィリピンの場合、問題はもっと重大であった。ひとたびわれわれがフィリピンのスペイン軍の撃破とマニラ征服を完了し、スペインの支配を粉砕した暁において、スペインにこれらの諸島を返還することはもはや問題とならなかった。その住民は、かりに他の国がそっとして置くチャンスがあったにしても、――事実そんなチャンスはなかったのだが――自治能力をほとんどもっていなかったことも、ほぼ明らかなことであった。われわれがフィリピンを領有しない場合、残された道は、その領有をめぐって英独間に紛争が起り、結局は両国間にある種の暫定的取極めと領土の分割が行われるということは充分あり得たことであろう。遅かれ早かれ日本もまたフィリピン支配の競争者となったであろう。このことが、南西太平洋におけるその後の事態の発展にかんがみて、不幸なことであったかどうか、私としては何とも言えない。このような仮定的な設問は、歴史家の力の及ぶところでないのである。だが、今日のわれわれですらも、フィリピンの放棄がとくにアメリカの利益に反していたかどうかを判断し得ないならば、当時のアメリカの国民がその得失をはっきりと認識し得たかどうか疑問だと思う。したがって、もしかれらがそうした認識をもたなかったならば、一体いかなる理由から、フィリピンのスペイン統治を破壊する必要があったのかという疑問が残るわけである。

ロシアの作家であり、医者でもあったアントン・チェーホフはかつてこう言った。同じ病気に対して多種多様な療法が勧められる場合、それは、どれも効かないし、またその病気は不治のものであるというかなり確かな証しであると。これと同様に、一八九八年の領土獲得について膨脹主義者によって多種多様の議論が行われたのをみると、そのどれも本物でなく――その根底にはもっと深い何物か、表現することの難しい何物かが横たわっていたという印象をもつのである。それは何かといえば、当時のアメリカ国民ないしは少なくともその有力な代弁者の多くのものが、わけもなく帝国の味を好きになり、同時代の植民強国と肩を並べ、遠く熱帯の島々にアメリカの国旗がひるがえるのを眺めたり、対外的冒険と外地での権威との楽しみを味わい、そして世界の偉大な帝国的列強の一つとして公然と認められたいとの欲求を感じていたという事実なのであろう。しかし、このように回顧するとき、われわれは、反膨脹主義者の警告の迫力と真摯さおよびかれらの主張のもつ、いまだ本当に論駁されていない論理の正しさに感銘を受けるのである。かれらの主張は、社会契約説を建国の思想とする国家として、その観念の適用をうけず、市民としてでなく被支配者としての役割しか認められないような人びとに対して責任を負うべきでないというのである。君主なら被支配者をもつことに不思議はないが、共和国が果して被支配者をもつことが許されるかどうかの問題なのである。

この点特に反帝国主義者の一人であったフレデリック・グーキンの次の言葉が想い出される。「わが国民が熟慮すべき重大な問題は、もし帝国主義的政策の確立を許すならば、それがわれわれ自身に対していかなる結果をもたらすであろうかということである。(8)」主としてこのような疑問との関連で、その後のわれわれの植民地領有の経験をここで考察してみよう。

プエルト・リコについてここではとり上げない。ただ最近のできごとが実に雄弁に物語るように、わが国とプエルト・リコ人との間の植民地的結合のように、極めて重要なまた善悪ともにあらゆる可能性を包蔵している関係のもつ意味を、われわれとしてすべて充分に検討したかどうか、われわれは自ら問うことを迫られているのである。ハワイの場合、われわれは、同島領有の決定の結果を、比較的成功した事例の一つとして考える。しかし、それが成功した理由は、ただ、アメリカの血と生活様式とがそこで絶対的に支配することができたからであり、先住民の生活様式がそれに呑み込まれ、アメリカ・インディアンの場合と同様に、観光客を楽しませるにすぎないなさけない屈辱的存在になり下ったからである。フィリピンの場合、その併合後数年も経たない間に、フィリピン領有の最初の、そして最も熱心な唱道者であったセオドア・ルーズヴェルトが早くも幻滅を感じて、自分が音頭をとったことを後悔し、厄介者から逃れたいと望んでいたことが想起される。結局われわれは一九三〇年代にフィリピンの解放を決定し、最近になってこれを実行した。だが、われわれの考えておかなければならないことは、それは決してフィリピン人のためを思ってでなく——われわれがかれらを気の毒に思ったり、あるいはかれらが独立の用意ができたと考えたり、またわれわれがかれらに独立を許与する義務をもっていると感じたりしたからでなく——、むしろ、かれらがわれわれ自身にとってちょっとした厄介者であることが分かったからであり、われわれの領有下において当然予期されたフィリピンとの経済的接近が、わが国における強力な私的利益集団にとって面白くないものであることがはっきりしたからである。つまり、「白人の負担」という理念に含まれているこれらのわずかな負担すら、われわれとして長い間我慢する用意をもたなかったからなのである。つい先刻私が引用した「問題は……帝国主義的政策がわれわれ自身に対していかなる結果をもたらすであろうかということである」というグーキンの言葉を想起していただきたい。

これらのことを考えるとき、われわれの国家として最も顕著な政治的失敗は、われわれ自身の希望によるかないしは他に実際的解決の方法がないためかいずれにせよ、われわれとして市民権を全面的に許与するつもりのない他の国民ないしはグループと、わが国民の主体をなすものとの間に、義務を伴った政治的紐帯を確立しようとした試みの中にあったのではなかったかと思わざるを得ないのである。この問題に対する解答には、重要な意味が含まれている。もし、われわれの社会がわれわれが「市民」と呼ぶ人びとによってのみ構成さるべきで、「被支配者」という異質のものを取り込もうとする場合自らの本質的性格を汚すものであるとしたならば、われわれの制度が及ぶ可能な範囲は限定されたものであり、自分と同様同質の人間にしか及び得ないということに外ならない。――つまり自主独立という同じ特有な精神のなかで育てられ、われわれの諸慣習を容認し、享受し、これに満足し得るような人びとのみに、われわれの制度は適用し得るということである。この場合、遠方の住民を統治するということは、われわれの口に合わないのである。この場合われわれアメリカ人として用心しなければならないことが多々ある。なかんずく注意すべきことは、いかなる種類のものであれ他国民に対して保護者的責任を引き受けないことであり、たとえそれが軍事的占領の形をとる場合でも、できれば避けるべきであり、また絶対的に必要な期間以上にわたってこれを持続すべきではないのである。

一九世紀末に、スペインとの間に行われた昔の絵物語風の戦争について考察するとき、われわれの注意をひくものは、以上のようなことである。ここで、その要点を繰り返してみよう。

これまでわれわれの見たところでは、開戦および軍事行動の性格の決定などを左右した諸般の理由に対して、厳粛かつ慎重な考慮が充分に払われず、国家的利益について細心かつ系統的な評価が充分行われなかったということである。わが用兵作戦に関するかぎり、国民一般の気分や政治的圧力やまた政府部内の策謀が決定的な影響を及ぼした。マッキンレーは戦争を欲していなかったのであった。しかしながら、冷厳な現実によって判断するかぎり、マッキンレーにせよまた彼の国務長官にせよ、国内政治の見地からそうすることがかれらにとって有利であったとしても、戦争に訴えることに反対しなければならないとの義務感を抱いていたことを示す何ものもない。主観的・感情的理由から戦争に訴えたのだが、アメリカは、それを一部分次のような計画に基づいて遂行した。その計画とは、われわれが知るかぎりにおいて、いかなる正当な公の機関によっても真面目に検討されかつ承認されたものでなく、政府部内のわずか一握りの人びとだけが知っていたもので、それはアメリカ議会が規定した公の戦争目的と相容れない動機を明らかに反映していた。そのような計画に基づく陸・海軍作戦の成功が国民大衆のイマジネーションに火をつけ、その結果、外国領土の獲得という重要な問題が提起されるに至ったとき、行政府側はほとんどその論議に参与しなかった。また行政府は、遠隔の地において国民的人気のある提督が挙げた勲功に対する国民一般の反応の影響を抑制すべくなんら真剣な努力を払わなかった。条約の批准を審議するという上院の義務を通じてのみ、米西戦争をめぐる重大な問題点が初めて明らかにされたのであり、そしてその時の上院の討論は、今日までほかに例がないほど熟慮された啓発的なもので、世間の関心を引きつけたのであった。

後から考えてみて、この討論において勝利を占めた結論が正しいものであったとは思えない。だが、われわれは、これをもって、われわれの先人たちを問責することはやめよう。というのは、われわれ自身、かれらを裁判し、断定を下すには不適格な判事であるからである。ただ、われわれとしては次のようなことを記録することをもって満足しよう。すなわち、かれらが討議を重ねているうちに、アメリカ文明の健康にとり基本的な諸問題にぶつかったこと、これらの問題は、いまだにわれわれの前にあり、解答を要求しているものであること、そして一八九八年当時の人びとなら間違った答を出してもよかったかもしれないが、われわれの世代は、もはやこのような間違いを重ねる余裕をもっていないことなどである。

（1）"The Spanish War and the Equilibrium of the World," in *America's Economic*

Supremacy, by Brooks Adams, New edition with evaluation by Marquis W. Childs (New York, 1947).

(2) 一八七五年一二月七日付大統領教書。

(3) ドゥプイ・デ・ローメの書翰。Charles S. Olcott, *William McKinley* (Boston and New York, 1916), Vol. II, p. 9に引用されている。

(4) *Foreign Relations of the United States, 1898* (Washington, 1901), p. 747.

(5) Olcott, *op. cit.*, Vol. II, pp. 166-167.

(6) R. Cortissoz, *Life of Whitelaw Reid* (New York, 1921), Vol. II, p. 266. ウィリアム・E・チャンドラー上院議員宛一九〇〇年一月二二日付書翰から。

(7) Julius W. Pratt, *Expansionists of 1898* (Baltimore, 1936), p. 347に引用されている。

(8) Frederick W. Gookin, *A Literary Catechysm* (Chicago, 1899), p. 17から。A. K. Weinberg, *Manifest Destiny* (Baltimore, 1935), p. 306に引用されている。

第二章　ヒッピスレー氏と門戸開放主義

第一回の講演の中で私は、二〇世紀前半期のアメリカ外交に対する一つの序説として、米西戦争について話をした。そこで私は、現世紀の転換期における同じ頃のアメリカ外交史上のあと一つのエピソードについて語りたいと思う。そのエピソードとは同じように序説的性格をもつものであり、それはジョン・ヘイの門戸開放に関する覚書の通達である。

諸君は皆、わが国における通俗的見解に従って、このできごとの一般的性格を記憶されていることと思う。それは大体次のようなものである。ヨーロッパ列強がまさに中国を分割し、その各部分を自らの排他的目的のために専有しようとした時にあたって、かれらの目的を推測したアメリカの国務長官は、ヨーロッパ列強の先手を制して、中国において門戸開放の原則――すなわち、すべての国に対し平等な権利を認めるという原則――と中国の領土的行政的保全の原則とを遵守することを要請した覚書を送ることによって、その企図をある程度挫折せしめたのである。この事件について当時の世論が下し、また今日の教科書にまで持ち込まれた解釈は、『わが時代』と題する研究の中で、マーク・サリヴァンによってよく要約されている。

中国における「門戸開放」政策はアメリカの考えである。それは他の諸国が実行していた「勢力範囲」に対抗して立案されたものである。

「門戸開放」は、アメリカの外交上最も賞揚さるべきエピソードの一つであり、博愛的衝動が外交折衝上の行動力と抜目ない手腕とを伴った実例である。ヘイの政策に同意したどの政治家も、またどの国家もこれを欲していなかった。それは、真理を信奉する人はだれでも立ち上ってくれというに似ている。——ということは、うそつきが最初に立ち上らねばならない羽目となるのである。ヘイはこのことを全く見抜いていた。人間性に対する彼の洞察は、彼の最も優れた資質の一つであった。(1)

さて、このような解釈に留意しながら、実際のできごとをさらに詳細に考察してみよう。一八九七年の終りから一八九八年の初め頃、中国が分割されるだろうという実際もっともな危惧が存在した。ロシアが、旅順の海軍基地と大連の商港、これらを新たなシベリア横断鉄道と結合することなどを含む満州における特殊的地位を獲得しようとする決意を明白にしたり、ドイツが膠州湾に対する支配および山東半島における勢力を強化したり、フランスが南方、今のインドシナから北上して来て、商港の租借、鉄道利権、総郵務司にフランス人を任命することおよびその他の権益の供与などを、中国政府と交渉して成功したことなど、その頃のことである。

これらのできごとは当然ロンドンにおいて特別な懸念を惹起した。それまでイギリスは中国貿易を圧倒的に支配していた。イギリスの占めた割合は八〇パーセントであり、アメリカを含めて他の国全部を合せてもわずかに二〇パーセントにすぎなかったのである。競争上有利な地歩を占めていたので、イギリスの商人は、常に中国における門戸開放――すなわち、関税上の取り扱い、港湾税その他、消費物資輸入などにおける機会均等――を擁護してきた。今やかれらは、他の列強が獲得しつつある勢力範囲がこれと両立し得るか自信がもてなくなった。勢力範囲は、イギリスの通商を排除するような作用を及ぼすのか、あるいは、そうでないのか。

これは簡単な問題でなかった。その時まで中国貿易における主な障害といえば、中国奥地の地方官憲との間のものであり、外国列強の行動によるものではなかった。イギリスの商人たちは長い間自国の政府に対して、外交的慣例を無視し、北京の中国政府を無視して、中国奥地に入り込み、砲艦で河川を遡り、商品の移動を阻む障害や課税などを取り払うよう頑迷な中国の役人を強制することを要求してきた。もし、他の列強がそれぞれの勢力範囲内でこれと同じことをやるならば、多分それは結構なことであろう。イギリス人はこれによって利益を得ることができるかもしれない。だが、列強が貿易のために奥地を開放しても、これを独占してしまったら、どうであろうか。そうだとすれば、これ以上やっかいなことはないだろう。

イギリス政府は、商人たちとは別に、それ自身としてこれらのできごとから生ずる他の心配ごとをもっていた。――それはイギリスの商人仲間の不平や憂慮よりもっと重大な悩みであった。それは戦略的なまた政治的なものであった。イギリスの政治家は、渤海湾にロシアが海軍基地をもつことを好まなかった。こういうことはどこでおしまいになるのだろうか。それは中国に対するロシアの完全な支配を招来するのではないだろうか。イギリスの外務省は、ロシア政府に対する機密の通信の中で、極めて率直にその危惧を表明した。

北京に最も近接している地域も含めて中国の陸境と四千マイル以上にもわたって隣接している一大陸軍国が、中国の政府に対してそれ相応の影響力をもたないことはあり得ないことである。イギリス政府は、ロシアがこれに加えて渤海湾の一港を支配する必要を認めたことを最も遺憾なことと思考するものである。ロシアによる同港の支配は、渤海湾の他の部分が現在の中国政府のごとき弱体政府の手にあるかぎり、中国の首都への海上要路を制圧することとなり、それによりロシアは、すでに十二分に陸上において確保している戦略的優位を、同じく海上においてももつこととなるであ

ろう。(2)

ロシアはこの通告になんらの顧慮を払わず、自己の計画の実現を推し進めた。イギリス政府は、かなり憂慮し討議したあげく、一八九八年の春、かかる事態に対して二通りの反応を示した。すなわち、表向きには、中国における門戸開放の維持の重要性を強調することであり、その裏面では、ロシアの中国領土への戦略的進出を食い止めるため、他の一国または数国とある種の特別な取極めをつくろうとすることであった。しかし、その心底には、この外に第三の方途を秘めていたのである。その方途とは、イギリス政府として当時あまり気が進まなかったのであるが、中国におけるイギリス商人の多数によって強力に要望されていたところのものであり、イギリス政府自身、他の方法がどれもうまく行かなかったならば、これを取り上げねばならないと思っていたものなのである。――つまり、その第三の方途とは、イギリスの中国貿易の中心地であり、イギリスとして北京政府に対しさらに直接的圧力を加え得るような地位にある揚子江流域において、イギリス自身の勢力範囲を発展させることであった。かかる勢力範囲の設定によって、少くともイギリスは、中国の最も重要な地域から追い出されないような手段をとることができるし、その他にもいろいろな利益があるはずであった。

一八九八年の春にはまだイギリスは――私が述べたように――このようなことにはなる

まいと希望していたが、しかし、それもあまり自信があってのことではなかった。中国における諸般の事情は変化しつつあったのである。多年イギリスの政策の基礎をなしていた門戸開放主義は、一般にその限界を示し始めていた。昔は、ただ消費物資を広く分配し販売するために搬入する問題だけであった。このような商売には、門戸開放の原則は明白に適していたし、イギリスの利益とも合致していた。しかし、一九世紀末当時には外国の関心は、中国政府から鉄道建設や鉱山開発のための利権を獲得することに移っていた。これには門戸開放の原則は実際のところ適用し得ないように思われた。これらの利権は政治的にも戦略的にも非常に重要性をもつものであり、したがって中国政府がこれら利権を許与する際、経済的考慮のみによって動かされるであろうと、誰も期待することはできないものであった。中国政府は、中国のどの地域でどの国に鉄道建設を許すかということを、事実上強制されて決定したのである。そして各国の利権活動の範囲が、入りまじらずに、地理的に隔離されていることについて、いろいろの説明が行われたが、イギリスにしても利権獲得競争に参加したいと思うならば——事実参加したのであるが——、自分の利権を集中し、かつ他国の利権をそこから排除するような地域を区画することが肝要なのであった。

このように、いわゆる勢力範囲なるものの発達の背後には、単に列強側の悪辣さというもの以上に深い必要と論理とがあった。一八九八年のイギリス議会で、「いやになるほど度々引用されたあの有名な言葉」(3)といわれたほど古い門戸開放主義は、この新たな事態に対してただもう該当しなくなったのである。けれども、イギリス政府は、それでもなお門戸開放について語り、その原則の承認を公然と要求することを有効であると考えていた。なぜなら、利権と並んで消費物資の取引も依然として重要な意義をもっていたからであり、イギリス政府はイギリス商人がいかなる場所からも閉め出されることを看過できなかったからである。そして、もし通商上の「開放」の原則が一般的に遵守されるならば、それは、他の列強の戦略的・政治的勢力拡大に対するある程度の制約として作用すると思われたからである。

このような背景の下に、一八九八年三月(米西戦争が勃発する約一カ月前)、イギリス政府は、アメリカ合衆国政府に対して、門戸開放主義に関する唯一の公式的申し入れを行なった。同政府はマッキンレー大統領宛に極秘の通信を送り、その中で、他の列強が中国領土の一部を合併するか、または自国に特恵的待遇を保証するような条件の下にこれを租借するかもしれない危険のあることを指摘し、さらに、そのような他国の行動に反対することについてアメリカ合衆国の協力を期待できるかどうか、また必要が起った場合、アメリカ合衆国にはそのような行動を阻止するためにイギリスと共同措置をとる用意があるかどうかを質問した。(4)この場合イギリス政府が勢力範囲に対して反対を表明しなかったことを注意して欲しい。同政府は、他国の貿易を閉め出すような条件の下における領土の併合ないし租借に反対しただけなのである。

イギリス外務省が、この申し入れをかなり重要視したり、あるいはその成功に相当の望みをかけていたというような証拠は見当らない。むしろイギリスの外交官たちは、同じ頃、ドイツおよび日本に対して行いつつあった他の申し入れに、もっと関心を持っていた。アメリカに対する申し入れは、明らかに植民相のジョセフ・チェンバレンによってイギリス政府に対し強く要求されていた。アメリカ人を妻としているチェンバレンは、米英間の政治的協力に対して大きな希望を抱いていたのである。彼は、国内政治において有力な人であり、外交政策の遂行にも重要な役割を果した人である。彼は中国でアメリカの協力を得るようイギリスの外務省に指示していたので、外務省は多分に彼を満足させるため、おそらく彼の考えは無駄であることを示すためにさえ、あの覚書を送ったのではないかと疑われるのである。だがもちろんこれは単なる推測にすぎない。

いずれにせよ、当時その結果何も起らなかった。ワシントンはキューバ問題で夢中になっていた。国務省はその頃、極東関係の部局さえもたなかった。国務長官であった年寄りのジョン・シャーマンは活動的でなく、幾分もうろく気味であり、引退しようとしていた。ワシントンの回答は、要するに「何もしない」ということであり、この問題は、イギリス政府によって公式的には二度と取り上げられなかった。

このような次第で、イギリス外務省が、とくにこの回答に失望したとは必ずしもいえないのである。だが落胆した人間が一人いた。それはロンドン駐在アメリカ大使、ジョン・ヘイであった。彼は、この申し入れがなされた時、彼の友人ヘンリー・アダムスと一緒にエジプトを旅行中のため、ロンドンを留守にしていた。帰って来てから事の次第を聞いた彼は、国務長官宛に書翰を書き、アメリカ政府の決定を再検討することを要請したが、ただ今はその時機ではないと返答されただけであった。

ヘイがこの問題に興味を抱いたのは、米英関係の見地からのみであったようである。彼は中国についてほとんどといっていいほど知らなかったし、中国に行ったこともなかった。しかし、ヘイの意見によれば、そこでイギリスに援助を与え、そのために、われわれが後に利用し得る一種の外交的貸越勘定をつくることができるような事態に当面しているイギリスに対して、同情的態度をとらないことは賢明でないというのであった。

その年の夏の終り頃、ヘイは国務長官に任命された。就任のため帰国したとき、彼がこの問題を胸中に抱いていたことは疑いのないところであった。幾人かのイギリス人、とくにチェンバレンは、その夏中しばしばこの問題について、ヘイと協議を続けていた。だが、実際はイギリスの政策自体、門戸開放主義からひそかに離れ始め、その傾向は一八九八―

九九年の冬を通じて持続したのである。それでもなおイギリスの政治家は、門戸開放主義に対し空念仏をとなえていたが、勢力範囲がそんなに容易になくなるものでもなく、自分自身の利益を守る見地からも一概に斥けるべきものでないことを認めるにおよび、かれらは目立たないように自らの勢力範囲をつくるべくある予備的措置をとりはじめた。すなわち、旅順港におけるロシアの地位に対応するために、かれらは渤海湾の反対側に軍港を租借した。かれらは大規模に、とくに揚子江地域を中心に鉄道利権獲得運動を始めた。そしてかれらは、われわれが今日ここで論じている問題に関連して、とくに注意に値するあと一つのことを行なったのである。九竜の租借がそれである。

御承知のように、イギリスはすでに王領植民地として香港島を領有していた。ここを根拠地としてイギリスは中国本土との貿易を行なった。この貿易のある部分は、関税の支払いを回避したという意味において不正規なものであったろうと思われる。換言すれば、それは密貿易であったのである。さて、当時の中華帝国海関制度は、ロバート・ハート卿なる一人のイギリス人によって非常な活力と廉直と能率とをもって運営されていた国際的な機関であった。ハートは廉潔な人格の持主であったので、彼は、関税規則に違反したものは誰でも厳重に取り締ったが、中国にいるイギリス商人でも容赦しなかった。彼の非妥協的で厳格な運営の下で、何隻かの監視船を手に入れた海関当局は、香港を取り囲み、同島と本土との間の移動を厳しい監視下においた。一八九八年六月、香港と狭い海峡をへだてた中国本土の一部——九竜として知られる領域——に対して、イギリスが租借権を獲得したのは、一つにはかかる海関側の措置への対抗策としてであったことは明らかである。九竜を領有すれば、海関の監視を経ずに、商品を香港から本土に移動させることが可能となるであろう。そしてイギリスがこの領土獲得後最初に行なったことの一つが、海関の建物を閉鎖することであったことは、意味あることであった。このことは、ロバート・ハート卿および海関側にとって当然心配の種であった。これまでロシアおよびドイツとはなんら面倒なことはなかった。ドイツは海関側に対して、いままでなかった青島港に税関の設置の要請さえ行なったのである。しかしハートはロシアが将来どういう態度に出るかを非常に憂慮していた。もしイギリスが九竜から海関を追い出すような先例をつくるのなら、そしてその先例が他の国によって真似されるなら、恐らく勢力範囲の設定は、いわゆる勢力範囲内のいたるところで税関の閉鎖、海関自体の完全な崩壊および中国政府の財政的破綻を招来するようになるかもしれなかったのである。

ジョン・ヘイが、一八九八年の末頃国務長官に就任したとき、彼は極東問題について顧問を誰ももたなかった。そこで彼は、自分の友人で当時ギリシア公使であったW・W・ロックヒルをワシントンに呼び返した。ロックヒルは中国で勤務したことがあるが、七年も前のことであり、彼自身最近の情勢に疎かった。われわれは直接その証拠をもっていないにしても、ヘイが彼に期待したことは、中国問題に関してアメリカの助力を求めたイギリスの要請に対して、なんらかの形で応ずることを考究することにあったと、われわれは少くとも想定することを許されるであろう。

一八九九年の春ロックヒルは帰国したが、この方針に沿ってなんらかの措置を直ちに勧告することができなかったことは明らかであった。大統領がかかる措置を依然嫌っていたことを示すいくつかの証拠がある。一八九八年一二月の議会宛教書において、大統領は、この問題がすでに解決済みのものであるかのように述べている。われわれもまた、ロックヒル自身この問題をどうして解決するか――いかなる措置をとるべきかについて、まったく見当がついていなかったと考えてもいいようである。イギリスは、門戸開放に関するその要請を繰り返さないのみか、事実ほとんど興味を示さなかった。イギリスの大使は、当時の旧い慣習通りに、ニュー・ポートに避暑に出かけており、協議するすべもなかった。実際上、前にも述べたように、イギリス政府は、その中国での諸般の行動上、門戸開放政策から急速に離脱しつつあったのであり、当時それについて注意を喚起されることをおそらく欲しなかったであろう。

ところが、ここに新たな局面が展開されてきたのである。六月半ば北京からロックヒルの旧友が一人ワシントンに到着した。ヒッピスレーという名前のイギリス人であり、ロバート・ハート卿の下で中国の海関で第二番目の地位を占めていた人である。ヒッピスレーは賜暇をとり、イギリスに帰国の途次アメリカを通過しつつあったのであった。彼の妻はボルティモア市出身の人で、ロックヒル夫人の友人であった。思うに、ヒッピスレーはいまだに九竜でのイギリスの行動の及ぼす影響を苦慮しながら、また海関の権威を保持する必要を痛感しながら、アメリカ政府が「中国における通常の貿易に対する門戸開放を維持するために、可能な措置をとる」ことを強く要望したに違いない。(5) 勢力範囲は存続するし、これを既成事実として取り扱わねばならないと、彼は述べた。それが鉄道や鉱山利権を目的として設定されるかぎり差し支えない。だが、この観念を関税上の取扱いにまで拡張し始めると、危険が生ずることとなろう。こういう考えの下に、彼は、アメリカ合衆国において他のヨーロッパ諸国を打診し、各国から次のような保証を取り付けるように主張したのである。すなわち、各国はそれぞれの勢力範囲内にある条約港(すなわち、海関がその施設を置いている港)に対して干渉しないこと、およびそれぞれの勢力範囲に入って来る商品全部に対して、無差別に協定税率を適用すべきことなどである。

ロックヒルはこの考えにすっかり賛同したが、初め彼は、国内政治上の理由から実行不可能と考えた。ニュー・ハンプシャーに避暑中だったヘイも、この問題について絶えずロックヒルと連絡していたが、同じ意見であった。八月七日付でヘイはロックヒルにこう書いている。「私は貴方が述べたことが非常に重要なことを充分知っており、実行したいのは山々であるが、「上院および国民」のある方面に存在する馬鹿げた偏見は、われわれをして非常に慎重に行動することを余儀なくさせている」と。

けれども、このすぐ後で事態は突然変化したのである。何かの理由で、国内政治上の制約が取り除かれたように思われる。八月二四日にヘイは、ロックヒルに対してヒッピスレーの提案の実行に着手する権限を与えた。ロックヒルは、主としてヒッピスレーの起草した覚書に基づいて、一つの文書を作成し、これを大統領に提出してその裁可を得た。ついでこの文書に基づいて、中国に利害関係を有する諸国宛の一連の覚書が作成された。ヘイはこの覚書に署名するためニュー・ハンプシャーから首府に戻り、この覚書が然るべく通達されてから再び避暑地に帰った。そしてワシントンは再び夏の無風状態に静まりかえったのであった。

これらの覚書はまず初めに問題の背景について論じている。その論点は、ヒッピスレーの考えのいくつかを具体化しているものの、同時にロックヒル自身の考えも幾分含んでいた。勢力範囲は存続するものだから、これに挑戦することは無駄であるというのがヒッピスレーの意見であったが、覚書はアメリカ政府として勢力範囲非承認の立場を明らかにしている。しかし、この覚書の核心は、三点よりなる具体的方式にあった。その方式は用語において全く技術的なものであり、ほとんど一字一句ヒッピスレーの覚書からとられたものである。アメリカ政府においてこの方式を真剣に検討したという証拠もないし、また中国の事態に照らしてみてそれがいかなる実際的意義をもつかということを評価しようとする努力の跡もみられなかった。右覚書の作られた経緯とその用語にかんがみて、それは、とくに当時の中国の海関当局の要望を注意深く要約したものであるように思われる。同時にその真実の狙いがイギリスに主として向けられたものであることもまた考え得ることである。(6)

まさしくヒッピスレーは、アメリカの政府にその音頭をとらせることによって、中国における海関の利益をあまり阻害しないように行動するよう、イギリス政府に圧力を加える便利な迂回的方法を発見したのである。しかし、ロックヒルやジョン・ヘイのいずれかが、問題のこういう側面に気がついていたとか、あるいはヒッピスレーの方式が当時のイギリスの政策とどの程度矛盾しているだろうかということについて何か考えていたという証拠はどこにもない。イギリスが厳格な意味での門戸開放主義の道から、やや外れかけているのでないかと、彼等が疑ったことはありそうなことである。しかしながら、イギリスがどの程度それから逸脱しており、また覚書に含まれた方式がイギリスにとってどんなに好ましくないものであるかを、かれらが理解していたとは思われないのである。

覚書に対する各国の反応は、どんなに控え目にいっても、熱心だとはいえなかった。イギリスは熱意を表明しなかったばかりか、九竜に対する方式の適用について長い間文句を述べたてたが、ついには条件付きの同意を与えた。——すなわち、他のすべての国が同意を与える範囲内でわれわれの原則に同意しようというのである。他のどの国も同様な条件を付加したから、かれらの回答の効果は、結局最大の留保を付した回答によって決定された。最大の留保をつけ加えたのは、いうまでもなくロシアであった。ロシアの回答の文句はあいまいであり、捉えどころがなかった。セント・ペテルスブルグ駐在のアメリカ大使はヘイに対して、ロシア政府が「貴下の提案に回答することを少しも希望しなかったが、遂に不承不承回答したのである」と警告した。[7]この警告にもかかわらず——このことは、ソヴェト政府から無理やりに得た言葉の上の保証を過信するなというモスクワ米国大使館によって発せられた多くの警告を想起せしめるものであるが——、ヘイは、一九〇〇年三月二〇日に、彼は関係国全部から満足すべき保証を受け取ったこと、および彼はこれをもって「最終的かつ確定的」のものと看做すことを、公表するのを躊躇しなかった。[8]これによって、ヘイは、まさに中国で不当なふるまいに出ようとしていたヨーロッパ列強が、アメリカ合衆国の時宜を得た干渉によって、阻止され挫折させられ、彼の輝かしい外交的勝利が達成されたというような印象を与えたのであり、アメリカの一般国民もこの印象を受け容れるのに躊躇しなかった。

ところで、ヘイのこのようなやり口は、その後少くとも半世紀の間もアメリカの外交的慣例を毒することとなり、また――私の見るところでは――まだ今後あと半世紀もなお弊害を及ぼしつづけるであろうところの、一つの先例をつくったのである。次回の講演で、われわれは、この先例の性格と意義について幾分ふれるところがあろう。

門戸開放の覚書についての話は、これで全部終ったわけでない。それには一つのエピローグがある。門戸開放原則について関係国政府から満足すべき保証を得たというヘイの声明は、ほぼ義和団事件の勃発と時を同じくした。御承知のように、この事件は、激烈な狂信的な排外運動であり、いくぶん中国政府によって黙認されていたものだが、それは多くの外国人所有の財産の破壊、何人かの外国人の殺害、奥地から数千の外国人の避難、および北京の外国公使館に対する本格的な軍事攻撃などを招来した。包囲攻撃をうけた外国公使館は、遠征軍が救援に到着するまで数週間の間、自ら武器をとって防衛を余儀なくされたのである。

その年はアメリカの大統領選挙の年であった。北京の公使館の籠城は六月二〇日に始まり八月一四日に終った。共和党の全国大会はフィラデルフィアで六月一九日、民主党の大会はカンザス・シティで七月四日に開かれた。すでにその頃は、米西戦争をめぐる諸決定に端を発した「帝国主義」論争で世論はやかましかった。政府側は、中国での軍事行動に必要以上に深入りすることを少しも欲していなかったし、また、その夏これ以外に外交政策上世論を沸騰させるような問題に悩まされることを好まなかった。全国大会開会一日前の七月三日に、ヘイは列国に対して新たな同文通牒《サーキュラー》を発送した。今度は中国を支配している無秩序と無政府状態にかんがみてアメリカの対中国政策を——意識的に物議を醸さないような穏健ないいまわしで——規定しようとしたものである。門戸開放に関する最初の覚書の中で、ヘイは中国の領土保全維持に対する要望を述べたが、この点をあまり強調しなかった。だが一九〇〇年七月三日の通牒では、「アメリカ合衆国の政策は中国の領土的行政的保全の保持を……求めることにある」(9)ととくに述べている。中国の領土的行政的「保全」に関するこの言及は、初めの門戸開放に関する通告に盛られた思想に新しい註釈を加えたものであり、中国領土に対する外国の侵犯に対して中国を擁護する公約をアメリカ政府が与えたものと、歴史家によって解せられたのである。事実、合衆国政府も同じ見解をとり、以後ほとんど五〇年間これに従ってきたのであった。こうして門戸開放に関する覚書は、一八九九年夏列強に送られたものと、その翌年の夏の義和団事件中に回付された二つの同文通牒とによって構成されていると、一般に考えられているのである。

実際には右通告のどちらも目に見えた具体的成果を挙げなかった。事実二度目の通牒はわが国の外ではほとんど少しも注意されなかったし、またそうなるのがあたりまえであった。義和団事件は、外国の軍事干渉を誘発することによって、中国において外国政府の握る権力を削減するよりは、むしろ増大せしめるようにならざるを得なかった。ロシアはこの事件を利用して満州に対する支配を強化した。そして中国政府は、その課せられた賠償金を支払うために、列強の中どれかに借金をしなければならなかったし、したがって外国への依存度を強めることを余儀なくされたのである。

アメリカの門戸開放政策の立案者自身、間もなくこの政策に全く幻滅感を抱くようになった。事態の急速な進展に呑み込まれ、この政策が何の役にも立たないように思われた。ヒッピスレーにとり、義和団事件は不可避的な中国分割を意味し、したがって門戸開放の終焉を意味していた。義和団事件の後始末を援助するため特使として中国に派遣されたロックヒルは、門戸開放に関する最初の覚書からわずか二年後に、「私は、今後いつまでもアメリカ合衆国がこの種の泥沼に再びはまりこまなければいいと思っている」と述べたといわれる(10)。

ヘイ自身はどうかというと、中国の領土的行政的保全維持の原則に対する信条を表明した後わずか五カ月経った一九〇〇年一二月、彼は北京のアメリカ公使に対して、福建省の三沙湾に海軍用の貯炭根拠地を獲得することを、秘密に訓令した。[11] しかしながらこれから数週間後に、満州におけるロシアの進出の度が早められるのに驚いた日本が、アメリカ合衆国政府において、それが宣言した原則の遵守を確保するため日本とともに実力を行使する意向があるかどうかを、鄭重に質してきたとき、ヘイは、アメリカ合衆国としては「東アジアにおける自己の主張を貫徹するために、他国に対し敵対的性質を帯び得るようないかなる示威的行動をも、単独ないし他国と協同して執る用意を現在もっていない」と回答した。[12]

日本がこの回答の意味を最も慎重に念入りに検討したと信ずべき確かな理由がある。日本は当時において――いつもそうであったのだが――いいかげんなものでなく、本当の軍事的盟邦を求めていたのであった。一年後かれらは、その後多年にわたって自国の安全の基礎をなした日英同盟を締結した。三年後にはかれらは武器をとり、ロシアを南満州から駆逐した。これらのことをするに当って、かれらはアメリカの援助を期待せず、またその反対をも恐れなかったのである。ヘイはすでに、アメリカは中国に関する主張を、他国に対する敵対的性質を帯び得るようななんらかの示威的行動によって強制する気はないと述べたではないか。

ジョン・ヘイの門戸開放に関する覚書の通達をめぐる事情はこのようなものであった。

これを分析するとき、一体どういう意義が認められるであろうか。私は次のようなものであると考える。

一八九九年の夏、アメリカの国務長官は関係国に対して、中国において勢力範囲を獲得した国の政策の基準となるべきある種の方式に同意することを要請した。

その方式はヘイが起案したものでなかったし、事実彼はその実際的意義を充分に理解していなかったことは明らかである。彼の補佐官の一人が、たまたまその夏ワシントン付近にいたイギリス人から、いわば品物を見もせずに買い入れたものである。それはイギリスの行なった要請に応じたものと考えられたのかもしれないが、事実は、当時のイギリスの政策を表わしていなかったし、その政策と幾分矛盾さえしていた。それは、ある事態の発展によってその将来に脅威を感じていた中国の海関当局の希望を代弁していたのかもしれない。それは新しい政策でなく、旧い政策に外ならなかったし、アメリカの政策でもなく、イギリスの対中国関係において長い間既に確立されていたところのものであった。その政策は一般的に将来性のあるものでなく、すでに部分的に時代の進展に追い越されてしまった古臭いものであった。それは、われわれアメリカ人が、断乎として支持しようと欲した政策でもなければ、それが遂行された場合の結果についていかなる特定の責任をも引き受ける用意をもっているようなものでなかった。最後に、その後の成行きがやがて示すように、それは、われわれ自身自国の領域において遵守する意向をもたない政策ですらあった。というのは、フィリピンおよびプエルト・リコの獲得後数年を出でずして——われわれの門戸開放に関する思い切った公約にもかかわらず——われわれは、これら新たに獲得した領域の双方において、この原則と背馳する差別的体制をつくりあげたのである。

ヘイが、このような当時の現実に関するかぎり、これを認識せず、また、かかる現実をその将来との関連において予見する能力をもっていなかったことは明白な事実である。だが、彼がそうしなければならなかったと考える理由は別段ないであろう。というのは、この方式は高遠な理想的な響きをもっていたし、国内において聞えがよかった。また、それは明らかにアメリカの貿易上の利益と合致しており、イギリスが以前これを主張していたことは知られていた——そして彼はまだイギリスがそれを主張していると思っていた——。したがって、これを他の国に対して主張してみることがどうして悪いと考えられようか。ヘイが行なったのは、それだけのことであった。彼は、これに対して、気の進まない、当惑気な、そして曖昧な回答を得たのだが、このことは別に意外のことでもなかった。ヘイは、これらの回答は中味がないと警告されたものの、彼としては、アメリカ国民に向って、この回答を外交的成功として提示することによって、これをできるだけ利用すべきではないと考える理由をもたなかった。

このようなことに対して、私は彼を非難しないし、また弾劾するつもりもない。彼は威厳あるまた感受性の強い性格の持主として同時代の傑出した人物であり、偉大なアメリカ人であった。彼は、強国としての外交関係の処理に全く不適当な政治機構の枠内で努力をしたのであり、不満足な状態にあって最善を尽くしたのであった。

しかし、私として強調したいことは、そしてこれこそ中心的な論点であるのだが、アメリカの一般国民がかかる行動を大きな外交的業績として受け入れるのになんら困難を覚えなかったということである。アメリカ国民のイマジネーションはこれによって燃え立ち、讃辞の声を惜しまなかった。ヘイは偉大な政治家としてアメリカ国民の愛情のうちに確固たる地位をきずいた。ちょうど大統領選挙戦を間近に控えて、政府の外交政策に対する一般の支持は著しく改善されたのであった。

当時このような成果を挙げたばかりでなく、これによって一つの神話ができ上った。それはその後少くとも半世紀の間、アメリカ人の思考を支配することを運命づけられたのである。ヘイの政策がなんら具体的成果をもたらさなかったこと、この政策に対してヘイおよびその他の関係者が幻滅感をもったこと、われわれ自身この政策を強制的手段によって支持することを欲しなかったこと、また後になってわれわれ自身この政策から逸脱するに至ったことなどの事実は、いずれも門戸開放の通告をめぐるこのエピソードを通じて国際社会においてアメリカ的原則にとり素晴らしい勝利の一撃――アメリカ的観念をうち立てるためのアメリカ的一撃――が加えられたものであるとのアメリカ世論の既成概念を、なんらゆるがすことはできなかったのである。

(1) Mark Sullivan, *Our Times : The Turn of the Century* (New York, 1926), p. 509.
(2) *British Documents on the Origins of the War, 1898-1914* (London, 1927), Vol. I, p. 28.
(3) *Parliamentary Debates* (4th ser., 1898), Vol. LXIV, p. 827. 八月一〇日バルフォアの発言。
(4) Alfred Vagts, *Deutschland und die Vereinigten Staaten in der Weltpolitik* (New York, 1935), Vol. II, p. 1029 に引用されている。ファークツはその出所として国務省の文書を挙げている。
(5) この問題に関するヘイ、ロックヒルおよびヒッピスレー間の通信は、A. Whitney Griswold, *The Far Eastern Policy of the United States* (New York, 1932), ch. ii の中にたくさん引用されている。この通信について言及された箇所はすべてこれに基づいたものである。
(6) 三カ条の中最初のものは、主としてイギリスの勢力範囲に関連をもったものであり、海関施設の大部分がそこに設置されていた。

(7)　Tyler Dennett, *John Hay* (New York, 1934), p. 294に引用されている。

(8)　*Foreign Relations of the United States, 1899* (Washington, 1901), p. 142.

(9)　*Foreign Relations of the United States, 1900* (Washington, 1903), p. 299.

(10)　Griswold, *op. cit.*, p. 83.

(11)　*Foreign Relations of the United States, 1915* (Washington, 1924), pp. 113-114.

(12)　一九〇一年二月一日国務省メモランダム。Alfred L. P. Dennis, *Adventures in American Diplomacy* (New York, 1928), p. 242.

第三章　アメリカと東洋

第二回の講演において、私は、アメリカ外交史の一つのエピソードたるジョン・ヘイの門戸開放の通告の検討を試みた。これからわれわれの極東政策におけるその後の一連のできごとをすべて回顧してみよう。

最近五〇年間の極東におけるアメリカの外交政策の歴史は、長くかつ複雑な物語である。この問題に関連ある資料の大部分を読みかつ咀嚼したといい得る高い学識のある人のみが、事態の推移についての全体的なパノラマと、それをめぐる情況の錯雑した仕組みのあらゆる局面とを、心のうちにしっかりと把握できるのであろう。

私自身その資格があるといえない。私はこの方面のことについて個人的に精通しているわけではない。私は、極東問題の専門家としてでなく、多忙な仕事をもった人が、他の興味と責務とに直面しながら、なんとか暇をみて本を読む程度のことしかしていない。このような事情の下で本問題を検討することが、学界において非学問的であり、おそらく何の役にも立たないと思われるならば、これに対してただ私のいい得ることは、ワシントンの政策決定者がたいがいの場合しなければならぬことは、まさにこのようなものに外ならないということである。その問題の核心は、政策決定者自身専門的ないし学究的知識をもち得ないような地域について政策の樹立と実施に当らねばならないことであり、それはいつの場合でも同じであろう。したがって今日われわれが行おうとすることは、いわば政策決定者の経験を自分もしてみることなのである。

門戸開放主義の重要性は、その後来るべき四〇年間、アメリカ外交の特徴ともいうべき一つの定型を導入したという事実に、主として見出される。この全期間を通じて、門戸開放と中国の領土的行政的保全というわれわれの歌は、繰り返し歌われつづけることになった。幾度もわれわれは、列強に対してこれらの原則の遵守を公に宣明することを、繰り返し要求することになった。その度ごとに、誰もこの原則を否認しないものの、それはすべてその解釈如何にかかわるというような、乗り気でない、曖昧な、また条件付きの返事を、われわれは受け取ることになった。このような限定された性質のものにもかかわらず、われわれは、何度もこの回答を、われわれの見解の正しさを承認したものであり、悔悟の意の表明と改革への意欲の証拠であるとして、それゆえに外交的成功であるとして、アメリカ国民の前に提示することになった。中国における他国の問題に対するこの種の干渉が、われわれに、特別の責任を課すものであり、われわれ自身の良心以外の何ものかに対して義務を負わしたりするものであるなどとは、いかなる場合にもわれわれとして認めようとはしなかった。これらの原則の遵守を強制する用意を、もしある国がそれを遵守し他の国がそうしない場合、前者を擁護するため実力を使用する用意を、われわれは、いかなる場合にももたなかった。そして最後に、ヘイの通告がそうであったように、われわれが絶えずこれらの観念を持ち出したところで、それは他の国にとりいらだたしく、時には不可解なものであったにせよ、中国における列強の利害関係の闘争がそれぞれの戦略的・政治的および経済的必要に従って展開して行くのを防止するのに、実際上役に立たなかった。換言するならば、それは当然起り得たであろう事態をほとんど阻止し得なかった。しかし、この期間の終り頃には、このようなアメリカの行動はある国々ことに日本の死活的利益ときわどい関係に立つに至り、これらの国民の間に、わが国の安全と福祉とにとって重大な関連をもつような感情的態度を植えつけるに至ったのである。

そこで、四〇年間、多分それ以上の長きにわたって、極東におけるわれわれの政策の基本的定型となっていたものが、このようなものであるならば、これを構成しているいくつかの要因について、さらに詳細な検討をやってみよう。

まず第一に原則問題である。われわれは第二回目の講演の中で、「門戸開放」という文句が現世紀の転換期において旧式な陳腐なものとなっていたことを注意しておいた。それは主として条約港との関連において用いられていたものである。その主要な意義は、外国人が居住、通商、倉庫や事務所などの施設維持等に関する特権を特別な保護の下に享受している条約港においては、貿易はすべての外国籍の船舶および人に対して平等に開放されねばならないというにすぎなかった。この場合の狙いは、内陸地で売るために一般消費物資――特に繊維類――を中国に搬入しようとすることであった。そして、われわれは、鉄道建設や鉱山開発というようなものに中国を開放するという新たな問題――大体二〇世紀へ移る頃に始まった新たな発展――に対して、この門戸開放の原則は充分当てはまらないものであることをすでに述べておいた。要するに、一九〇〇年以降、中国における外国の経済活動をめぐる情勢は、あまりにも複雑で、多様であり、そして多くの場合あまりに矛盾を含んでいたので、たった二語よりなる方式ないし標語では、数多くの実際的問題を取り扱うべき国際協定のための基準として充分間に合うような明白にしてかつ包括的な意義をもち得なかったのである。当初の門戸開放に関する通告やワシントン会議における九カ国条約のように、この原則をより詳細にわたって定義しようとする試みが時折り行われた。しかし、これらの定義のどれも、中国における列強の経済的利益および活動ほど広範な、多面的な、そして西欧的語義によっては表現しにくいようなものを、すべて包含することは全くできないことであった。

「中国の領土的行政的保全」についても同じことがいえる。西欧の観察者にとって、この原則は表面的には簡単明瞭なもののように思われた。しかし、この見解は、中国がいつでも他の国と同様、西欧に発達したような民族国家体制に体現されたあらゆる要件を具えた国であることを仮定していた。事実はそれほど簡単でなかった。もちろん中国は、世界にとり非常な重要性をもつ政治的存在——それは西欧諸国によって無視できないものであり、研究の対象にされねばならない存在ではあるが——であるという意味では、一つの国家であった。しかしながら、多くの点において中国の属性は、一八、九世紀にヨーロッパにおいて発達したような国際的意味における民族国家の定型と合致しないものがあった。中国政府が主権平等の原則を受け入れるようになったのは、遅くしかも不完全でしかなかった。その領域の各地方に及ぼしていた権力の性格は、国際法上の国家に関する西欧的概念の規定するところのものと、必ずしも充分に一致しなかった。したがって、西欧諸国と結ばれた取極めを中国側において実施する責任の問題について、しばしば混乱が起った。地方官憲がこれらの取極めの遂行を妨害しようと欲する場合、中国政府は、必ずしも服従を強制する能力をもたなかった。言語、思想および習慣の相異は、その混乱の度を加えていた。中国の裁判の基準と組織とは、必ずしも西欧のそれに比し劣ってはいないにしても、中国に居住する多数の外国人にとって、奇妙かつ不可解であり、これに従うことができなかった。このことは多くの場合、外国人のために特別の制度および特権を与えるか、外国人が中国での居住および活動を全然放棄するか、そのいずれかを選択せねばならないことを意味した。中国における外国人の居住とその活動が、多くの場合、不正ではないにしてもあまり賢明でない手段によって、中国側に強要されたことはあったにしても、他面中国側がこれを助長し黙過したり、あるいはその究極における道義的正当化または非難に対する追及を怠らしめたあいまいな態度をとったような場合も多かったのである。実際一九世紀の終り頃までに、中国側と外国の政府および国民との間には真に複雑でデリケートな関係――西欧的用語をもってしては充分な定義がとうていできないような関係――ができ上ったのである。そしてもし当時、このような取極めは「中国の行政的領土的保全」と両立し得るものかどうかと問われたならば、ひとはただ肩をすくめて、それは一体どういうことですかね、それは何をもって保全というかによって違うわけではないか、と反問したことであろう。

このことはとくに満州についていえることである。満州においては、この原則の適用をめぐって多大の紛議が捲き起され、その遵守を確保しようとするわれわれの努力は、後にとくに重要となり、強化されるに至ったものである。歴史的にいって満州は中国の一部ではなかった。清朝時代を通じて、中国本土の満州に対する関係は幾分間接的のものであった。一九世紀の終り頃、満州の大部分は、中国およびロシアの双方にとって半ば開拓された辺境地域を意味していた。両国ともここに重要な利害関係をもっていた。中国人は名目上の主権をもっており、急速に中国人の開拓民および移住民によって満たされつつあった。しかしながら満州は、ロシアにとって疑いもなく戦略的重要性をもつ地理的地位を占めていた。ひとたびロシアがシベリアを横断して太平洋沿岸までの鉄道を建設し始めるや――それを始めたのは一八九〇年代であるが――北満州におけるロシアの利権は確立された。この事実を否定したり、あるいは国家主権および国際的友好関係に関する西欧的概念を忠実に尊重さえすれば、やがて消滅するだろうと期待したりすることは、無駄なことであった。現世紀への転換期において中国政府がもっていた行政能力と技術では、北満州で鉄道建設をしたり、あるいは建設さるべき鉄道に対して適当な行政的保護を提供したりすることが困難であったことを、われわれは記憶しなくてはならない。そして、ひとたび中国がロシア政府による東支鉄道敷設に同意した以上、その鉄道によって開拓される地域に対し、ロシアの強力な行政的戦略的支配力がおよぶことは不可避であった。

北満州にかかる地位を獲得することによって、ロシアが南満州地方や朝鮮および中国北部にもその勢力をのばす新たな機会を得たのは当然であった。一八九五年の日清戦争以後のできごとは、ロシアがかかる可能性を利用するのにやぶさかでなかったことを示している。それとともに、中国政府が、当時のままでは、ロシア側のかかる努力に対して有効な抵抗を行い、これら新たな地域に対するその支配を阻止する能力をもっていなかったことも示していた。渤海湾でロシアの権力に実際上代り得る唯一のものは、中国でなく日本の権力であった。イギリスはこれを認識していた。これこそ一九〇二年の日英同盟締結の背後にある事情の中で、最も基本的な要因の一つであった。同じ事情が一九〇四—〇五年に引きつづいて起った日露戦争の背景にもあった。御承知のように、この戦争の結果として、日本はロシアに代り南満州および朝鮮における支配的勢力となったが、北満州におけるロシアと同様、日本もその地域に対する中国の名目上の主権を否定しなかった。日露戦争の結果でき上り、ロシア革命がその方面におけるロシアの勢力を一時的に一掃するまで持続したこの取極めは、かなりの程度の安定性をもっていることが証明された。そして、それは、その方面における勢力関係の現実と要請とをかなり正確に反映していたに違いないと結論させるのである。いずれにせよ、それ以上の安定性を約束するようなはっきりした方途が外に見当らなかったのであるし、また、中国の領土的行政的保全の原則に対する信念を繰り返している間も、アメリカの政治家自らこの取極めは決して悪いものではないとして容認する発言が時折りなされたのである。セオドア・ルーズヴェルトはすでに一九〇五年に、その方面において日本とロシアとの間に均衡が保たれ、「その結果相互に抑制的作用を及ぼしうること」を望ましいことと認めた。(1) その後彼は次のように述べた。

われわれの利益は、われわれが日本人に対して敵意をもったり、あるいはかれらの利益に対し――いかに些細な程度であろうとも――脅威となるという感じを、なんらの理由もなしに日本に持たせるようないかなる措置も、満州に関連してとらないということである。……われわれとして実行し得るものでないかぎり、いかなる処でもわれわれの立場を主張すべきでないと思う。そして満州に関して、日本がわれわれに反対する行動に出ようと欲する場合、われわれは戦争に訴える用意がないかぎり、これを阻止できない。そして満州での戦争に勝利をうるためには、イギリスのような優秀な艦隊と、ドイツのような強力な陸軍を必要とするであろう。中国における門戸開放は結構なことである。そして私は、それが一般の外交的協定によって維持され得る限り、将来も結構なものであると思っている。だが、満州の歴史を通じて示されたように、「門戸開放」政策は、ロシアであれ日本であれ強国がこれを無視することを決意して、自らの意図を曲げるよりは戦争の危険を進んで冒すようになれば、たちまちにして全く消滅してしまうものである。(2)

このような見解に従って、アメリカ政府は、日本の朝鮮における優越的地位の確立に対し、自らを適応させることを別段困難と思わなかった。そして一九〇五年のタフト・桂協定および一九〇八年のルート・高平協定は、われわれにとっていかなる意義をもったにせよ、日本人にとってはかれらが満州において獲得した地位に対する暗黙の承認を意味していたことはたしかである。

このような考察によって次のことが明らかにされたと私は考える。すなわち、「門戸開放」や「中国の行政的領土的保全」という言葉のどれも、中国におけるすべての列強の特殊的利益および地位にとって代り得るような実行可能な具体的措置を示唆するものでないという意味において、中国の実情に対して明確に適用することはできないものであった。このことは、右の諸原則が誤っているというのでない。これらの原則が全然妥当性を欠いているとか、勢力範囲の方にこそ真実と正義が認められるというのではない。疑いもなく、中国における外国の地位は、その起源において非難されるべきもの、中国の弱体に乗じて強奪したもの、外国人として獲得しなかった方が賢明だったかもしれないものが多かった。疑いもなく中国においては、相変らずの外国人の活動が新規に行われるであろうし、これに対してアメリカ合衆国が、憂慮と不満を表明したり、アメリカとしてこれに関係し、なんらかの責任をとることを拒絶したりするのは、適切なことであろう。しかし、この点に問題があるのではなく、政治的原則としての門戸開放、領土保全主義の難点は、これらの文句が、外交政策の基礎として役立ち得るには明確な意義を欠いているということに外ならなかった。それは、非常に不正確な意味をもち、人びとの心のうちに混乱した連想を呼び起すような性質をもっているものであればこそ、外国政府は、われわれの要請によって意見を求められたとき、「ええ、貴方がそういわれるなら、われわれとしてももちろん賛成しますよ」と答える以外何もできなかったのである。これらの文句は、誰も簡単に斥けるにはあまりに多くの積極的な含意をもっているので、反対の理由を説明するよりは、これに賛意を表する方が容易なのであった。

本当はこれらの文句は中国の特殊な情勢に関連してのみ意味をもつものである。その文句がどういう意味をもっているかを、具体的事例についていろいろ説明しなければならないわけである。それは一般的に通用する適切な実際的な意味をもっているとはいえない。これを字義通りにまた型通りに適用しようとすれば、それは、外国人一般が中国における居住および活動を完全に放棄することを意味するだけであったろう。——そしてそれは、西欧的国家組織に適合することを拒絶した中国の頑迷さに対する一種の処罰あるいは報償(諸君がそのどちらであると考えるかは別として)として、中国を全然相手にしないという政策に帰着することとなる。こうなっても別に悪くはなかったかもしれないし、とにかくその究極の結果は、今日われわれが当面している事態よりも好ましいものであったかもしれないと、われわれは信ずることもできるし、現に私としてはそう信じたいのである。しかしながら、こういう政策は、二〇世紀になってからは、どの西欧諸国の立場からいっても、実際的な提案ではなかったのである。

原則についてはこれくらいにしておいて、今度はその実施について簡単に述べてみたい。われわれが諸列強に対しこれらの原則の支持を宣言するように要請したとき、列強側としてはこれに同意すべき充分な理由をもっていたが、その回答がどれもほとんど同じように用心深くかつ重大な留保条件付きのものであったことも、やはりそれ相応の理由があったということを、すでに述べておいた。こういう事情なので、そうした返答を懇請し、そしてそれをアメリカ国民の前に決定的な外交的成果として提示することが、どれほど有益であったのか、われわれとして吟味する必要があろう。このような事例はあまりにも多く、私はそれらをここで並べ立てようとは思わない。それは極東問題のみに限られなかったことである。外国政府に勧めて、崇高な道徳的・法律的原則の宣言に署名させることによって、われわれの外交政策上の目的を達成しようとする傾向は、アメリカの外交のやり方に強力かつ永続的な力を及ぼしているように思われる。たしかにそれは、政府の決定を覆す世論の力についてのアメリカ人の強い信念と結びついている。同時に、国内社会における法律的観念を国際社会に移植しようとするアメリカの顕著な傾向とも関連していることは疑いない。つまり、国際社会も一般の契約上の義務に基礎をおいて運用され得るし——またされねばならないと信じ、したがって、政治的利益の具体的表われよりもむしろ言葉の上の約束を重視するという傾向を、アメリカ人はもっているのである。しかし、極東方面においては、こうした外交構想は、アメリカの外交の基本的方針たるの地位を獲得したとさえ言える。そこでわれわれとして、その妥当性と正当性とを検討する理由があると思うのである。それは、国際的現実に対するわが国一般の理解の仕方をある程度非難することとならざるを得ない。というのは、アメリカ人は、実際には存在しないような国家間における物の見方の共通性について、幾度も誤った観念をもたされていたからである。しかし、私の考えによれば、もっと重大なことは、このような観念が外国人の心の中に起させたに違いない当惑、猜疑および憂慮の感情である。外国の政治家は、これらの一般的命題が、具体的な国際問題に関するいかなる実行可能な協定ないし取極めを規定するにも、あまりにも不充分なものであることを痛感していた。外国の政治家と同じように、われわれ政府当局者もまたそのような認識をもっていたと仮定するならば、外国の政治家にとって、われわれの政府当局者が協定の基準としてそのような抽象的なものを押しつけようとする場合、何か、別の動機を隠匿しているのでないかとの猜疑心をもたないではいられなかったに違いない。

そしてこのことは私に、われわれの極東政策に関連して第二のまたさらに重要な留保条件を提起させるのである。これは、第一次および第二次世界大戦の間、日本が極東方面におけるアメリカの外交的圧迫と非難との主目標とされた頃の、対日関係に対して特に適用される。この留保条件は、われわれが一般的原則と同じく特殊的取極めを討議することを一般的に嫌っていたこと、および何にもまして、われわれが反対した一連の行動に代るべき実際的対案を提議すること――あるいは一つの対案について責任を負うこと――を嫌っていたことに関してである。われわれの外交活動の大半は、他の諸国ことに日本が、われわれの好まない特定の行動を追求するのを阻止しようという狙いをもっていたものであることを、記憶しておいていただきたい。われわれの主張に追従する場合、かれらにとりまた中国にとり実際上重大な結果を招来するであろうこと、それが新たな問題や厄介なことを生じ、あるいは中国における権力関係において現実の不均衡さえも形成するであろうこと、そして、このことはひいてはわれわれにおいて責任を負わねばならず、かかる責任を果すための特定の措置をわれわれに要求する権利を他の国に与えるものであること、こういうような事実は、ほとんどわれわれの考え及ばなかったことであったようである。すでに挙げたような諸事実から判断し得るかぎり、アメリカの政治家の考え方は、道徳的ないし法律的原則の名において述べられあるいは主張されたことはいかなることであれ、その原則が現状に適用し得るかどうか疑問であり、またこれを遵守した実際的影響が広範かつ徹底的なものであろうとも、その原則の主唱者にはなんら特別の責任を負わせるものでないというのである。われわれとして、忠告しようが、哀訴しようが、邪魔をしようが、当惑させようが、それは全く勝手だというのである。もし他の国がわれわれのいうことを聞かなければ、われわれは、世界の世論の面前で、かれらのぶざまな様子をあばくだけである。他方、われわれの主張を容れたにしても、それはかれら自身の責任においてしたことであり、われわれとして、その結果生ずる問題についてかれらを助けてやる義務はない。

——それはかれら自身処理すべき問題なのだ。

このような気持をもってわれわれは十年一日のごとく、アジア大陸における他の列強、とりわけ日本の立場に向っていやがらせをしたのであるが、それは、われわれの原則が立派なものであるならば、これを実行した結果が幸福であり歓迎すべきものでないはずはないという不動の信念に基づいていたのである。しかしながら、日本の膨脹する人口、中国政府の脆弱性あるいは他の列強の野心に対する実効的対抗策というような本質的な問題についての論議に、われわれを引き込むことはほとんど不可能であった。このことは、そのアジア大陸における利益が、わが国におけるよりもはるかに重大視されている国にとって、特に敏感な神経を刺される思いがしたことを留意しなければならない。その結果自分と違ってほとんどなにも失うところのない他人から、自分の行動を変更するように忠告されることは、誰も好まないことである。日本人やイギリス人の間には、中国におけるアメリカの利害関係が日英両国のそれに比しはるかに少いという理由だけで、アメリカは、中国における日英の外交的資産を浪費する傾向があるという気持がいつも抱かれていた。

多年にわたって、われわれは、われわれが要求していることが、日本の国内問題の見地からみていかに重要な意義をもっているかについて、考慮を払うことを拒んできた。日本の大陸政策を挫折せしめる代価が、極端な軍国主義者による権力の決定的確立であったにしても、そのことは長い目で見てアメリカの態度をほとんど変更せしめるものでなかった。もちろんこれには重要な例外があった。というのは、アメリカの政治家も時には、日本の国内情勢に好ましい影響を与えるように、アメリカの政策を調整する懸命な努力を払ったこともあるからである。しかしながら、これらの努力は趨勢に逆らうものであり、アメリカの政策の全般を通じての特徴をなすものではなかった。われわれの要求がとくに敏感な箇所に触れて日本人の感情を傷つけたにしても、それはわれわれにはほとんど影響を及ぼさなかった。また、日本人の心のうちに一八九四年の日清戦争後の第三国による干渉によってその勝利の成果を奪われたという傷跡が残っていたことも、われわれの態度にほとんど影響を与えなかった。一九〇五年日露戦争の終りに、われわれが再び日本の勝利の前に立ちはだかるような(実際はそうでなかったのだが)かっこうになったときにも、われわれは別段これを気にしなかった。また、それは、第一次世界大戦直後——今度は、中国大陸での立場の強化は対独参戦の当然の報酬であると考えた日本から、これを剝奪しようとする断乎たる運動の中心的指導者として——再びわれわれが出しゃばるのを、妨げるものでなかった。

この長い不幸な物語が展開した時期を通じて、われわれが幾度も、移民政策や、特定地方における日系ないし一般的に東洋系の人びとに対する処遇によって、神経質な日本人を刺戟し怒らせたのであり、そのことがこのような事態をなんら改善しなかったことはもちろんであった。連邦政府は、居住、土地所有および社会的待遇などの不幸な問題が、国家的利益と関連していることを承認するように、カリフォルニアおよびその他の州当局に対して懇請する用意をもっていたものの、これを強制するほどの準備をもたなかった。そして国全体として、州および地方政府の行動と態度とが外交政策を形成する重大な要素となっていることを認めることを欲しなかった。ましてや移民の問題をめぐる紛争のゆえに、われわれは日本に対する他の要求をやや緩和すべきではないかということなど認めようともしなかったのである。

さて、これらのことは苦々しい思い出だが、私はこれらのことが誤解されないようにしたい。第二次世界大戦に至る数十年間の極東における事態の推移はまことに波瀾に富んだものであり、われわれアメリカ人がほとんど、統制力や影響力を及ぼし得ないような非常に強力な時代の趨勢を、その中に含んでいるものであった。この過程においてわれわれが担いあるいは担い得たであろう役割の重要性を、過大評価することは容易である。また、政治家たちがその中で行動したところの政治的・心理的な枠組み、かれらが自由にし得た諸手段が不充分であったこと、他の有望な方途をとることを阻んだ国内的制約などを忘れて、われわれの政治家たちがもっていた行動の自由の度合を誇張することもまた容易なことである。私がこう言うのは、かれらを非難する意図からではない。というのは、われわれは何人であれかれらの立場になり切ることはできないことであるし、また、個人としてのかれらに対して是非の判断を下すことは、われわれにとって重要なことでないからである。

もしわれわれが他の行動原則に導かれていたならば、すべての成行きは違っていたかもしれないと断言することはできない。もしわれわれが、長い期間にわたってもっと慎重な対日態度を持し、かれらの立場からするいろいろな要求に対しより思いやりのある態度をとり、かれらの問題をその申し出の通り協議する用意をもっていたならば、真珠湾攻撃を避け得たかもしれないと言うこともできない。とりわけアメリカの政策上のただ一つの行動をとらえて、これがそうしたのだ、これこそ歴史の動きを変えたのだなどと、とうてい言い切ることはできない。人間社会のできごとの仕組みの中では、一つのことは他のことを生むからである。どの間違いもある意味ではその以前に行われたすべての間違いの産物である。それゆえどの間違いもその後のできごとのどれについても単独では責任を問われないのである。そして、これと同時に、どの間違いもある意味では将来のすべての間違いの一つの要因となるのであり、それゆえに、どの間違いもその後のできごとすべてについて何らかの責任は免れないということになる。外交政策の分野におけるわれわれの行動は累積的なものである。それは、他の人間社会のできごとの大きな流れのうちに呑み込まれる。そして、われわれは、ひとたびそれが歴史の流動的な実体の中に入り込んでしまうと、その影響を正確にたどることはできないのである。太平洋戦争に至るまでの事態の発展の途上、われわれ自身の努力によってまだ何らかの希望を達成し得たような段階と、もはや事態を収拾し得ないようになった段階とを画する一線——本当の悲劇が脆弱な人間の力を圧倒して、われわれの不幸の決定者となる時期——があったのではないか、と私は思う。しかし私はそういう分岐点があったと明言することはできないし、またそれがどこであったかを言うこともできない。

私の言いうることはただ次のようなことである。長い期間にわたって絶えず東アジアにおける勢力関係の現実を真剣に注目すべき要因として認識することに基礎をおくとともに、東アジアにおける状態を法律的・道徳的に是正するばかりでなく、その安定と平和を維持することを目的とするようなアメリカの政策によって、歴史の進路が変更されるような可能性があったのであれば――つまり、私のいうように、そのような政策によって歴史の進路が変えられる可能性があったのであれば――、われわれはこの可能性を利用するために、それを現実化するために、それからわれわれ自身と世界平和のために引き出し得るような利益を獲得するために、ほとんど何もしなかったことを認めなければならないということである。

そして、私は、このような可能性に機会を与える必要があったということは、後から考えて初めてそう言えるというわけではないことを、つけ加えておきたい。第二次大戦のはるか以前から、権威ある観察者で、中国大陸における日本の利益を覆し、また中国における外国政府の地位を毀損する傾向をますます強めていた政策の妥当性を疑問視していたものがいたからである。われわれの最も消息通の職業外交官の一人であったジョン・V・A・マックマレー氏は、引退されてから数年になるが、一九三五年に極めて思索的で予言的な覚書を書いた。その中で、もしわれわれが現にとりつつある方向にこのまま進んで行くならば、日本と戦争が起るであろうと指摘した後、彼は、その戦争においてわれわれの目的を徹底的に貫徹したにしても、それはロシアにうまい汁を吸われるだけであり、山ほどの新しい問題をつくるだけであると述べた。

日本を敗北させたからといって極東問題から日本を排除したことにならないだろう。……活力のある国民は……敗戦や国家的恥辱によっておとなしくなるものではない。むしろかれらは、自尊心という激情的衝動にかられて、かれらの帝国的権力の全盛期にふるった実力とほとんど少しも劣らぬほどの「厄介者の価値《ニューサンス・バリュー》」を発揮するような諸手段を用いて自己の存在を再び主張するに至る。しかしながら、日本を抹殺することが可能であるにしても、それすら極東ないしは世界にとって祝福すべきこととはならないであろう。それは単に新たな一連の緊張状態をつくり出すだけであり、日本に代ってロシア帝国の後継者としてのソヴェト連邦が、東アジア制覇の競争者として(そして少くとも日本と同じくらいに無法なかつ危険な競争者として)立ち現れるだけであろう。このような戦争におけるわれわれの勝利から利益をうるものは、おそらくロシアの外にないであろう。……かりにわれわれが中国を日本から「助けて」やらねばならないにしても、……われわれが中国人に感謝を請求する権利があることを認めないことは、中国人にとってなんら不面目なことでない。国家や民族というものは、集団的にこのような感情に動かされないのがあたりまえのように思われる。……かれらはわれわれに対してなんら感謝することもないし、また利他的な意図についてわれわれを賞揚することもないであろう。かえって、かれらは、われわれが引き受けた責任を果たそうとする場合、これに抗争しようと試みるであろう。

今日われわれが当面している朝鮮の情勢をみるならば、これらの言葉につけ加えて論評する必要はない。アジアにおけるわれわれの過去の目標は、今日表面的にはほとんど達成されたということは皮肉な事実である。ついに日本は中国本土からも、満州および朝鮮からもまた駆逐された。これらの地域から日本を駆逐した結果は、まさに賢明にして現実的な人びとが、終始われわれに警告したとおりのこととなった。今日われわれは、ほとんど半世紀にわたって朝鮮および満州方面で日本が直面しかつ担ってきた問題と責任とを引き継いだのである。他国がそれを引き受けていた時には、われわれが大いに軽蔑した重荷を、今自ら負う羽目になり苦しんでいるのは、たしかに意地悪い天の配剤である。とりわけ最も悲しいことは、ほんのわずかの人びとにしか、過去と現在との間の関係が見えていないように思われることである。もし、われわれが自らの過誤から教訓を学ばないとしたならば、一体何からわれわれはそれを学びとることができようか。

半世紀にわたるアメリカの極東外交を顧みるとき、われわれは、疑いもなく、われわれ自身の感情的性向に根ざしている奇妙な現象を見出すのである。われわれは、われわれの極東政策とヨーロッパ政策の間に、はっきりとした相異をみる。われわれは、ヨーロッパ大陸のできごとに対するわれわれの態度を長い間縛っていた禁制が、われわれの東アジアに対する政策の場合存在しないことを知っている。つまり、われわれは、東アジアのできごとはわれわれにとって重要でないと斥けようとせず、これに進んで関与することをいとわなかったのである。

その反面、これまで権力の現実と権力的願望との実効性と正統性とを認めたり、これらを道徳的判断を下す義務を感ぜずに受け容れたり、これらを善悪を問わず人間社会を動かす実在のまた不変の力として認めたり、またこれらを改宗させたりまたは抑圧するよりもその最大の均衡点を求めたりするということがなかったという点では、われわれの極東政策は対欧政策と同じであった。

疑いもなく、極東の諸国民に対するわれわれの関係は、中国人に対するある種のセンチメンタリティーによって影響されていた。――その気持は、それが今はともすれば陥りがちな盲目的な腹立ちと同じく、米中関係の長期的利益をなんら助けるものでもなく、また中国人にとって有難いものでもなかったのである。一般的にいってわれわれは、われわれのアジアの友人から親密感と相互的愛情という形であまりに多くのものを期待している。われわれは中国人に対するわれわれの態度には何か贔屓《ひいき》客のような感じがある。われわれはいまだかつて、アジアの諸国民との関係においてわれわれの国内的慣習やものの考え方が、いかなる意味をもっているかを、つきつめて考えたことはなかった。いかなる国民も、他の国民の国内的慣習や国内的必要などの是非を判断する資格はない。したがって、われわれは、われわれ自身は別として、誰かに向って、われわれ自身の国の中での行事やしきたりなどについて、弁解がましいことを言う必要はないのである。しかし、自らの同化能力が白人諸民族以外の人びとについては限られていることを自認する国は、他の人種に属する国民との交渉について、またかれらと親密な関係を結びたいという希望について、とくに控え目でなければならないように思われる。

もし、われわれがこの種の自制を行うことができ、これに加えて、もし、われわれが道徳的評価を絶えず試みるのを控えることができたならば——換言するならば、われわれ自身が国際法と道徳律の観念の奴隷となるかわりに、われわれがこれらの観念を、それが本当に真価を発揮するような機能、すなわち、国家的利益を穏かに教化するという控え目でほとんど女性的ともいうべき機能だけに限定するならば——、もし、われわれが東アジアの諸国民との交渉にあたってこれらのことを実行できるならば、私は、後世の人びとがわれわれの努力の跡を顧みるとき、かれらが当面する問題はその数においてもっと少ないであろうし、またその問題の困難の度合もより少ないであろうと考えるのである。

(1) *Selections from the Correspondence of Theodore Roosevelt and Henry Cabot Lodge*, Vol. II, p. 153.

(2) A. Whitney Griswold, *The Far Eastern Policy of the United States*, pp. 131-132 に引用されている。

第四章　第一次世界大戦

われわれは、この連続講演をどのような企図をもってしているか、ここでもう一度思い出してみよう。それは、もろもろの事件の経緯を詳しく説明したり、新しい歴史的事実の展開について報告したり、あるいは五〇年以上にわたるアメリカ外交の概括的説明を与えたりしようとするものではない。それは、不安と紛争と不幸によって充たされている現在から回顧してみて、過去の研究がわれわれの現在の窮状を理解する上に助けとなるかどうかを見ようとする試みなのである。

このような試みを行なっているうちに、今やわれわれは、この期間の歴史で遭遇すべきあらゆる局面のできごとの中で、最も不可解な、最も悲劇的な——歴史家にとり——最も興味深い事件と思われるものを取り上げねばならない。つまり、それは、われわれが第一次世界大戦と呼んでいるあの恐ろしい、長い間にわたった無益な争闘と——それに付随するあらゆるできごとである。

最初に私はヨーロッパにおける二回におよぶ大戦争の総決算について一言申し述べたい。これらの戦争は、数千万の生命、数え切れぬほどの物質的損害、欧州大陸における勢力均衡の破壊という犠牲――つまり、その結果西ヨーロッパをソヴェトの権力に対しておそらく致命的なほどに弱体化するという犠牲を払わせたのである。この両度の戦争は、本当はドイツを変革すること、すなわち、その行動を矯正して、ドイツを何か違ったものに変えることを目的として戦われた。けれども、今日もし、一九一三年のドイツ――保守的であるが比較的穏健な人びとによって支配され、共産主義者やナチなどの支配しないドイツ、分割されることも占領されることもなく、エネルギーと確信に充ちていて、ヨーロッパにおいて再びロシアの勢力と均衡を保持する役割を担い得るようなドイツ――を再現する機会を与えられたとしたとすれば、それは多方面から反対されるであろうし、それは誰をも幸福にするとは限らない。しかし、今日われわれが当面している諸問題と比べてみるならば、それはいろいろな意味で決して悪くはないだろう。そこで、これがどういう意味をもっているか考えて欲しい。諸君がこの二つの戦争の総得点をその表面上の目標について計算してみる場合、かりになんらか得るところがあったにしても、それはほとんど目に見えないほどわずかなものであることを知るであろう。

このことは、何かが非常に間違っていることを意味するのではないか。この流血と犠牲とは、二〇世紀における西欧民主主義がただ生き残るために支払った代価にすぎなかったということは、事実あり得ることであろうか。もし、われわれが、この結論を受け入れるならば、われわれは非常に悲観的にならざるを得ないだろう。というのは、その結末が一体どうなるかということを自問せざるを得なくなるからである。つまり、二〇世紀前半において、民主主義が生き残るための犠牲が、このような大きなものであったとしたら、その後半においてわれわれは、どのくらいの犠牲を支払わねばならないであろうかということである。しかしながら、この巨大な努力と犠牲の提供は、単に生き残る以上の何物かをわれわれにもたらすはずであったことは明らかである。それならば、われわれとして何か重大な見込み違いを、どこかで起したに違いないと考えねばならないのではあるまいか。それでは、どこでその誤りを犯したか。誤りを犯したのは、われわれか、あるいはわれわれの同盟国であったのか。

第二次世界大戦についてのより新鮮な、またより生々しい記憶に蔽われて、この第一次世界大戦は、われわれにとり多くの点で忘れられたものとなってしまっている。だが、いろいろのできごとを調べてゆくと、それは結局第一次大戦にまで遡ってゆくように私には思われる。第二次世界大戦は、非常に広範囲にわたって当然起るべき運命を定められていたように思える。それは、古典的悲劇の終幕にふさわしい無情な論理的過程にしたがって展開し、破局へと導かれていった。そして、このような悲劇的場面を構成する主な要素は――ドイツの宿弊と焦慮、東欧の弱体、ロシアにおけるボリシェヴィズムの出現、フランスおよびイギリスの疲労と衰退など――すべて明らかに一九一四―二〇年の期間にその淵源をもっているので、本当の解答を求めようとするならば、この期間をおいて外にないと考えられるのである。

私は、こういっても、最悪の危険を回避し、ことの成り行きをもっと希望ある方向に導いていくために、二〇年代と三〇年代、あるいはおそらく四〇年代においても、まだ重要なことを行う余地が、全然なかったなどというつもりはない。三〇年といえば歴史の過程において長い年月である。国際社会の生活というものは、一本の樹と同じように、長い期間にわたって一つの方向に絶えず圧力を加えられることによって、ある程度曲げることができるのが通例なのである。

しかしながら、私は次のように考えている。すなわち、一九二〇年から一九五〇年の間の諸年代による選択の余地が次第に狭められるようになったが、その傾向は一九一四年の大戦勃発とともに始まったのである。その後、戦局の膠着状態の出現と妥協的平和に対する希望の消滅とともにこの傾向はいよいよ強められ、そして、戦争の業火が燃え尽くし、ヴェルサイユ条約が調印された頃には、西欧の政治家およびとりわけアメリカの政治家が、西欧文明に真の健康と平和を回復し、それに東方から増大する挑戦に対抗する力を与えるために、行動し得る余地がはなはだしく悲劇的に狭められたのである。

そこで、われわれは、西側諸国の安全の減退の原因の多くは、第一次世界大戦の経過とその結果とにあるという事実に戻ってくるのであり、そして、このゆえにこそ、この戦争におけるわれわれ自身の役割は最も慎重な検討に値するのである。

わがアメリカの政治家にとっての問題は何であったのか。それをもう一度思い出し検討してみよう。

諸君は皆、どのようにして戦争が一九一四年に起ったかを記憶されているであろう。この戦争の原因は極めて複雑であった。ここで私はそれを詳細に説明しようとは思わない。その原因のあるものは、長期的性質のものであった。すなわち、旧トルコ帝国の解体の進行に伴って生じた未解決の問題、ドナウ河流域の従属民族の不安定な状態、フランス人のいういわゆる「生命の躍動《エラン・ヴィタル》」がオーストリア＝ハンガリーから失われたこと、ドイツの国力の速かな増大、ドイツおよびイギリスの間の敵対的競争などである。他の原因は、政治家の愚鈍および臆病な態度、世論の圧力、気まぐれな偶然など短期的性質のものである。もし、諸君が戦争責任のいろいろな度合を計量しようと試みても、むしろぼんやりとした結果しか得られないだろう。オーストリアとロシアが第一位を占めることは疑いない。ドイツはそれに及ばずとも、大きな責任をもっていることは確かであり、そして誰も責任を全然もたないということはない。とりわけ、誰かがこの戦争を故意に開始したとか、これを計画したとかいうことはできない。この戦争は始めから悲劇的な、なんともしようのないものであった。哀れな年老いたヨーロッパは、自ら棺桶に足を踏み入れたのだともいえる。ヨーロッパの国際社会は機構的に脆弱な点をもっていたのであり、サラエヴォで発射された一弾は、まさにその脆弱点に命中したのである。――そしてその瞬間、どうしたら戦争に訴えないですむかを知っているものは誰もいないという状況が生じたのである。

ひとたび戦争が始まって、それからどういう経過を辿ったかについても、諸君は私から新たに教わる必要はない。その経過は、戦争の起源と同様に、悲劇的であり、不条理なものであった。西部戦線において膠着状態が出現するまで、あまり長くかからなかったし、その結果もたらされた悲惨で無駄な人命の浪費をなぜ支払わねばならなかったのか、あの四年に及ぶ不幸な殺戮をなぜつづけねばならなかったのか、今日これを理解することはむずかしいことである。来る日も、来る月も、そして来る年も、相もかわらず大軍が、泥濘の塹壕に対峙して、ただわけもなく、しかし組織的に大砲、迫撃砲、当時対抗しようもなかった機関銃、鉄条網、そして毒ガスさえも使って殺しあい、挙句のはて、勝敗の帰趨が、軍事的指導の巧妙さや軍隊の士気の強弱によるよりも、弾薬と殺戮との不気味な数学的計算によって決定されるようになった。一九二九年ウィンストン・チャーチルは、「戦火は、自ら燃え尽くすまで、猛威をふるった」と述べ、さらに次のように言っている。

事態の推移は全く意識的に選択のできる範囲外にあった。どの政府も個人にしても、悲劇のリズムに乗せられ、とどまることを知らぬ程の規模をもって殺戮と浪費に向って、あてもなくよろめき歩いたのであり、ついには、一世紀をもってしても癒やすことのできないような、そしておそらく現代の文明にとり致命的ともなるであろうような傷が、人間社会の組織に与えられたのであった(1)。

「一世紀をもってしても癒やすことのできないような傷が、人間社会の組織に与えられた」と述べたとき、チャーチルは、これをただ漫然と述べたのではなかった。その傷は、当時大部分の人たちが思っていたよりも、はるかに深いものであった。古い塹壕は埋めることができる。罌粟《けし》の花の咲くフランダースの野を再び耕すこともできよう。フランスの町々を再建し、数年後には正常な生活に戻ることも可能であった。だが、何人もこれを埋め、罌粟の花を咲かし、また再建することのできない塹壕があったのである。――それは戦争に参加し、生き残った人びとの心のうちにあるものであった。そして、再び帰らぬ六百万の人びとのことについては言うに及ばぬことである。

第一次大戦について最も優れた小説であるレマルクの『西部戦線異状なし』の最後の一

節を、諸君は憶えていられるだろうか。私は、これからそれを読んでお聞かせしよう。というのは、それは第一次大戦を論ずるいかなる場合においても、無視し得ないものであり、それは、他の方法をもってしては、諸君にお伝えできない何ものかをもっていると考えられるからである。ここで自分を、戦争も終り近く一九一八年の秋頃、ドイツ側戦線の背後にある野戦病院に横たわる若いドイツ兵士になったものと想像していただきたい。

秋だ。旧い連中はもうたくさん残っていない。僕は、同じクラスから来た七人のうち最後の生き残りとなった。

誰もかれも平和と休戦について話している。みんな待っているのだ。だがその期待が再び裏切られるようなことがあると、一度に鬱憤が爆発するだろう。希望が大きいだけに、これを再び取り上げてしまうには、一騒ぎなくては収まるまい。もし平和が来ないとすると革命が来るだろう。

僕はちょっとばかりガスを吸ったので、一四日間の休養をもらった。小さな庭で僕は一日じゅう日向ぼっこをしている。休戦がすぐにできそうだ。今では僕もこれを信じている。

ここで僕の考えは止まり、どうしてもその先が考えられない。僕の心に思いうかび、僕の心を満たすものは、生命への欲求、家郷への愛、血の叫び、解放の感激などの感情だけである。だが、そこにはどうしようとする目的がない。

一九一六年に家に帰っていたなら、僕らが体験した苦しみと力とに駆られて、嵐を捲き起したかもしれなかった。だが今となっては、除隊しても、僕らは、疲労困憊し、打ち砕かれ、情熱を失い、どこにも根をもたず、希望をもたないものにすぎないだろう。僕らは帰るにも帰る道を知らない。

だが、大人の人たちは僕らを理解しないだろう。というのは、戦場でこの何年かを一緒に過したものの、僕らの先の世代の人びとは、もうすでに家庭を、職業をもっていた。戦争が終れば、かれらはもとの職に帰って行き、やがて戦争は忘れられるであろう。他面、僕らの後で大きくなった世代の人たちは、僕らの世代と何のつながりもなく、僕らを押しのけるであろう。僕らは自分自身にとっても厄介者だ。僕らは次第に年をとるだろうが、ほんのわずかなものしか時代に順応できないだろう、あるものは単に時代に屈従するにすぎないだろう、大部分のものはどうしていいか分からないに違いない。——こうして年が経るにつけ、ついには僕らは破滅するだろう。

＊　＊

ここでは木の色も明るく、金色に輝いている。なかまどの実は、葉の間にくっきりと赤い色をあらわし、田舎道は白々と地平線までつづいている。酒保では平和の噂話で蜂の巣をつっついたようだ。

僕は立ち上る。

僕はじっと黙っている。来る月も、来る年も、僕に何ももたらさない。いや何かもたらすことなどあり得ない。僕は全く独りぼっちだ。希望なんかありはしない。それだからこそ、僕は、来るべき歳月に対して、何の恐怖ももたずに対することができるのだ。過ぎし年月のあいだ僕を支えてくれた生命は、まだ僕の手の中にあり目のうちにある。僕がこれを手なずけることができたかどうか、それは知らない。だが、そこに生命がある限り、僕のうちにある意志のいかんにかかわらず、生命はその自らのはけ口を求めるであろう。(2)

さて、これは第一次世界大戦のことだった。だが、ここにいる諸君のうち出征軍人だった人は、「なに、それは第一次世界大戦だけにかぎらない。どの戦争でも同じことだ」と言うかもしれない。まさにその通りである。そして、もし第一次世界大戦について何か特別のことがあったとするなら、それは、ただ戦争が恐ろしく長い間、同じ具合にそして同じ場所で続けられたということだけである。そこには大した動きもなかったし、大した冒険的作戦もなかった。そして戦争の初期において、戦争の帰趨を変えるようなことが起ることを、大して期待することもできなかった。損傷は双方にとってまことに甚大であった。

いつ死ぬ番が廻って来るかを、ほとんど自分で予測できたほどだった。全く言語道断の無益な殺傷であった。

しかし、このドイツ兵士の言葉は、そこに戦争末期における多くの兵士の感情を表しているばかりでなく、戦後来るべき様相についても言及していることから、重要なものである。これらの言葉の中に、諸君は、来るべきすべてのことを読みとることができる。すなわち、出征軍人の世代の混迷、異なる年齢層の間の断絶、チェンバレン、ヒンデンブルク、ペタンのように、戦後世界を理解しなかったのにもかかわらず、戦後世界において権力を掌握し、しかもその権力をあまりにも長く保持することを要請された古い世代の人びと、失意と不安と混迷のうちに育ち、レマルクがいみじくも述べたように、出征軍人たちとは何のゆかりもなく、かえってかれらを押しのけようとする若い世代の人びとなどである。ここに、二つの世界大戦の間における民主主義の衰頽と全体主義の擡頭とを予測せしめるものがあったのである。

これほど悲惨な戦争が進展するにつれて、双方の政府および国民が、鎮静し反省的となり、勝利がいよいよ無意味となることを悟り、いかなる政治的目的もこれほどの代価を支払う価値のないことを知り、殺戮を終熄させられる妥協的な平和についての合理的提案に耳をかすようになったと言うことができるならば、まだしもわれわれの気は楽になるのだが、残念ながらそう言えないのである。これら最近の戦争における体験に基づいて、われわれは、人間性についてある悲しむべき結論をもたざるを得なかった。その一つは、苦難は必ずしも人間をよくしないということであり、もう一つは、国民というものは政府より合理的であるとは限らないこと、世論あるいは世論として通用しているものは、政治のジャングルの中でいつも鎮静剤の役割を果すとはかぎらないことである。どの国でも大衆というものは、通常平和を愛好しており、戦争という恐るべき惨禍よりは、多くの制約と犠牲とを甘受するということは、真実であるかもしれないし、私は真実であろうと思っている。だが、同時に私は、民主的政府をもっていると自任している国の大部分において、世論といわれているものがしばしば大衆の意見を全然代表せずに、政治家、評論家およびあらゆる種類の宣伝家など――人気集めの能力によって生活し、もし沈黙を強要されたら、陸に上った魚のように悶死してしまう人たち――非常に騒がしい少数の連中の利益を代弁しているのではないかと思うのである。この種の人びとは、軽率なまた盲目的愛国心をあおるようなスローガンに逃げ道を求める。というのは、それ以外のことを理解する能力をもたないからであり、これらのスローガンを掲げる方が短期的な利益を得るためにはより安全であるからであり、さらにまた、真理というものは複雑で、決して人を満足させず、ディレンマに充ちており、常に誤解され濫用されやすいものなので――観念の市場で競争するには往々にして不利な立場に立っているからである。短慮と憎悪に基づく意見は、常に最も粗野な安っぽいシンボルの助けをかりることができるが、節度ある意見というものは、感情的なものに比べて複雑な理由に基づいており、説明することが困難なような理由に基づいている。そこで、盲目的愛国主義者というものは、いついかなる場所を問わず、己が命ずる道を突進してゆくだけであり、安易な成果をつみとり、他日誰かの犠牲においてその日限りの矮小な勝利を刈り取り、それをさえぎる者は誰であろうと大声で罵倒し、人類の進歩を待望しながら傍若無人の踊りをおどって、民主的制度の妥当性に大いなる疑惑の影を投げかけるのである。そして人びとが、大衆の感情を煽動したり、憎悪、猜疑および狭量の種を播くこと自体を、犯罪として——おそらく民主的政府擁護に対する最悪の裏切り行為として——摘発することを学ばないかぎり、このようなことは、今後も引き続いて起るであろう。

一九一六年頃のヨーロッパの人びとは、今日のアメリカ人ほどにもこのことを知らなかった。その結果、第一次大戦の過程において交戦国民の間には、分別とか謙譲とか妥協的精神というものが生れなかった。戦闘が継続されているうちに、憎悪はいよいよ凝結し、自分自身の宣伝を信じ込むようになり、穏健な人びとは怒声を浴びせられ、汚名を着せられた。そして戦争目的は拡大強化され、全面的に極端に走るに至ったのである。

連合国側はドイツに対する全面的勝利以外に考えなくなった。それはドイツには国民的屈辱を与える勝利であり、また領土併合と苛酷な賠償要求とを意味する勝利であった。連合国側は、これ以外のいかなる基礎においても戦闘を終結させることを嫌ったのである。ドイツ側は、ベルギーに軍事的施設を保持することを欲した。かれらは将来ベルギーを従属国の地位にしばりつけておこうと欲した。かれらは経済的理由からフランスの犠牲においてフランスとベルギーとから撤兵するかわりに、償金をとることを欲した。これらの目的は連合国側としては全く受諾できないものであったことはもちろんである。

さて、このようなことはすべて、アメリカの政治的手腕にとって難しい問題を、明らかに提起していた。だから、私が言おうとしていることが、ウッドロウ・ウィルソンに対して同情をもっていないためだとか、彼が直面した問題の重大性を充分理解していないためだとか考えられては困る。しかし、そのような同情や理解をもったからといって、われわれは、このような危機に対するアメリカ人の国民的反応の性格について、冷静にかつ批判的に検討する義務から免除されるというわけではない。

まず最初に戦争の原因についてである。注意しなければならないのは、わが国においては長い間、この戦争の原因と争点とがいずれもわれわれの利害と関係をもっていることを理解しなかったことである。一九一六年にウィルソン大統領は演説して、この戦争の目的と原因とに対して、「われわれは関心をもっていない。あの恐ろしい洪水を氾濫させるに至ったわけのわからない根源を、探し求めたり、探検したりする興味を、われわれはもっていない(3)」と述べた。その後別の機会に、「アメリカは始めこの戦争の意義を充分理解しなかった。それは、ヨーロッパの錯雑した政治の鬱積した嫉妬心と競争心とが自然に掻き出されたのに似ていた(4)」と述べている。このウィルソンの言葉は、ヨーロッパ戦争において争われるものの中に、われわれの利害にかかわるものがあるかもしれないという認識を欠いている点に注意する要がある。そこには極東問題の場合と同様に否定的態度が見られる。――すなわち他の国民の真実の利益や欲求の合法性を否定し、これらのものは、われわれの注意に値するだけの重要性も価値ももっていないし、われわれが顧慮するにはあまりにも馬鹿馬鹿しくあまりにも「錯雑した」ところの「嫉妬心と敵愾心」にすぎないとして斥けているのである。

このような立場に立つかぎり、第一次大戦に関連してわれわれが承認し得べき唯一のアメリカの利害関係は、海上戦闘について戦時国際法上確立された原則に基づいて、われわれの中立国としての権利を、従来の解釈通りに擁護することにあったのは、論理上当然であった。われわれは、戦争の新たな様態と新しい兵器――とくに全面封鎖と潜水艦――とが、これらの原則のうち比較的重要なあるものを、時代後れにしてしまったことを理解しなかった。これらの原則を遵守することが物理的に不可能となったばかりでなく、これらの原則のどれかに違反することによって、自分の勝利と生存のチャンスを摑み得ることを、交戦国双方が考えるようになったのである。交戦国のいずれの側も、これらの原則のあるものに違反するのを控えるよりは、われわれと戦争を賭することを選んだであろう。このことは、われわれがその遵守を厳密に主張するならば、理論的には、結局交戦国双方との戦争に帰着するであろうことを意味した。——それは、まさしく、戦争に捲き込まれまいという目的をもった政策にとって逆説的な帰結である。

わが政府と交戦国政府との間の、中立国の権利に関するはてしない論争を今日回顧してみると、どうしてわれわれがそれほど重大視していたか理解するのに苦しむくらいである。その紛争は双方をいらだたせ、双方の関係を緊張させた。そして、私としては、その紛争が、われわれの国家的名誉にかかわるものであったとは信じ難い。交戦国籍の船舶によって旅行するアメリカ市民の権利を保護することは、われわれの特権であったかもしれないが、われわれが自らそう規定しないかぎり、それはわれわれの義務であったとはいえない。

時が経つにつれ、以上述べたような見方と並んで、全く異なったある見方が擡頭してきたことはいうまでもない。それは、協商国側が直面した敗戦の危険を認め、そして、世界的強国としてのイギリスが排除された場合、われわれの世界的地位に与えらるべき打撃に気が付くに至ったことである。これに加うるに、イギリスの宣伝の優秀性およびその他の要因が、連合国側の目的のために有利に作用するに至ったことである。その結果として、連合国側に味方する感情が次第に強くなり、とくにそれはアメリカの責任ある指導者の心のうちで強められたのである。そのような感情のゆえに、ウィルソンおよびハウスはわれわれの中立政策をイギリスの利益になるように緩和し、イギリスの敗北の危険を回避する最善の手段として、一九一五年と一六年に戦争を中止させるために慎重な努力を払うことになったのである。しかし、この親連合国感情は、国民意識全体として、参戦を充分正当化するほどにまで高まることはなかった。そして、われわれの参戦を決定したものは、中立国の権利の問題であったことを、諸君は記憶されていることだろう。

ひとたび戦争に入るや、われわれは、この戦争において争われている問題が、われわれにとって最大の重要性をもつものであることを発見するのに困難を覚えなかったし、また、これを発見するのに躊躇しなかった。

自分が戦争しているかいないかによって、自分の物の考え方を一夜にして切り換えることの驚くべき能力というものは、全く民主主義の奇妙な特徴の一つである。いわば一昨日までは、われわれと他国との間で争われている問題は、一人のアメリカ男子の生命を犠牲にするほどの値打もなかったのに、今日になれば、外のことは全く問題にならず、われわれの目的は神聖なものであり犠牲など顧慮する必要はない、無条件降伏を実現するまで、戦い続けるということになる。

どうしてこのようなことが起るか、私は今これに対する解答を知っている。民主主義というものは平和を愛する。それは戦争に訴えることを好まない。それは挑発されても、あまり早く反応しない。だが、ひとたび戦争しなければならないほどにまで挑発されてしまうと、そのような事態をひき起したことについて、相手を容易に許そうとはしないのである。つまり、挑発したこと自体が問題とされるに至るのである。民主主義は忿怒に狂って戦う——それは、戦争に訴えることを強制されたというだけのために、戦うのである。それは、挑発を敢えてするほど無分別で、敵意をもった相手を罰するために——忘れられないほどのこらしめを与え、そんなことが再び起るのを防ぐために、戦うのである。こういう戦争はとことんまで続けられねばならないのである。

これは全く本当のことである。もし国家が、個人間の倫理と同じような道徳的雰囲気の中で、暮すことができるならば、このことは、充分納得できることであろう。だがこの点、民主主義というものは、この部屋くらいの長さの身体と、ピンの頭ほどの頭脳をもったあの有史前の巨獣に、不愉快なことだが似ているのでないかと、私は時々思うことがある。

彼は気持よさそうな太古の泥沼の中に横たわり、自分の周囲にほとんど注意を払わない。彼はなかなか怒らない。――事実、彼の利益が侵害されていることを知らせるには、彼のしっぽを殴らなくてはならない。しかし、ひとたびこれに気がつくと、彼は、盲目的な決断をもって暴れ廻るので、敵方を破壊するだけでなく、自分の住処《すみか》もほとんどぶち壊すのである。そこで諸君たちはこう思うだろう。彼がもう少し利口であったなら、どうしようもない無関心から一気に同じようにどうしようもない神聖な忿怒へと駆られる代りに、何が起りつつあるかということに対して、もっと早くもう少し注意を払って、そのような事態の悪化を防ぐことに努めたであろうと。

いずれにせよ、ひとたびわれわれは戦争に突入すると、われわれの警戒すべき最大の危険は依然として、戦争をあまり長く維持すること、ヨーロッパの均衡を破壊すること、ヨーロッパ諸国民の精力を涸渇させることなどにあることを忘れてしまう。また、戦争に対するわれわれの最大の利害関係は、混乱を最小限に止めかつ将来への最大の安定をもたらすような基礎に立って、戦争を出来る限り早く終熄させることに外ならないということに気がつかない。われわれが参戦する以前には多くの人がこれと同じ考え方をしていた。一九一七年一月頃でも、ウィルソンは依然として全面勝利《トータル・ヴィクトリー》という考えに反対していた。彼は、「敗者に強制された平和とか、戦敗国に押しつけられた戦勝国の条件というものは、屈辱と強迫の下に、忍び難いほどの犠牲をもって、受諾されるだろう。そして、それは苦痛と怨恨と苦々しい記憶を残すであろう。このようなものに基礎を置く講和というものは、砂上の楼閣のようなものである」(5)と述べている。だが、ひとたびわれわれが参戦すると、たちまちこのような考え方は、戦争心理という強力な潮流によって、跡形もなく洗い去られてしまった。そして、われわれは、全面勝利をもたらすまで徹底的に戦わねばならないとの、何人にも負けぬほど強固な決意をもつに至ったのである。

勢力均衡の考慮は全面勝利に反対するものであった。おそらくそれだからこそ、アメリカの国民は勢力均衡の主張を断乎として斥け、もっと徹底的な仰々しい目的を追求したのであり、かかる目的を達成するために、全面勝利が絶対的に不可欠であると、もっともらしく説くことができたのである。(6)いずれにせよ、ウィルソンの指導の下に、一連の考え方が育成された。それは、戦争の徹底的遂行のためのわれわれの役割について、その理論的根拠と目標とを規定した。その考え方は次のようなものである。ドイツは反民主主義的であり、軍国主義的である。連合国は世界を民主主義にとって安全なものにする目的をもって戦っている。われわれが希望するような平和を確立するために、プロシアの軍国主義は破壊されねばならない。その平和は旧い勢力均衡の上には築かれないだろう。ウィルソンが述べたように、誰が、このような機構の下で勢力の平衡を保証することができようか。

新しい平和の基礎は、「権力の共同体」、「組織化された共同の平和」、侵略に対して人類の良心と力とを動員する国際連盟の上に置かれるであろう。専制政府は排除される。人民は自ら欲するところに従って、自らの手で政体を選択し得るであろう。ポーランドは、オーストリア＝ハンガリー帝国の苛立っている諸民族と同様、独立を与えられるであろう。今後は公開外交《オープン・ディプロマシー》でなくてはならない。政府でなく、人民が外交を支配しなくてはならない。軍備は相互的合意に基づいて縮減される。こうして、公正な平和が確立されるだろう。

このような原則の名において、戦争をとことんまで遂行することは可能であろう。それほど輝かしい将来が約束されているなら、戦争中の愚行暴行は一切忘れられ、戦争による損害は償われ、傷跡は癒やされるであろう。この理論は、野戦病院に横たわるあの年若いドイツ兵士が物語ったような恐るべき結末まで戦争を継続することを正当化し、また同時に、戦争の経過とともにもたらされる混乱と現実的問題とに取り組むことを拒否することを正当化する理由を、われわれに与えたのである。この理論の蔭に隠れて、われわれの参戦後一年半の間、戦闘は継続され破壊をほしいままにした。ウィルソンはヴェルサイユに行ったとき、戦争の総決算をするに当り、不愉快だが非常に重要な個々の問題に対処する用意をもっていなかった。彼は、この理論に従って、悲劇的な歴史的失敗を犯したのである。この理論の下においては事態は冷酷な論理と正確さとをもって進展し、実際「敗者に強制された」平和や、「敗戦国に押しつけられ、屈辱と強迫の下に受諾されるような戦勝国の条件」に帰着するのである。——このような平和は、実際、苦痛と怨恨と苦々しい記憶を残すものであり、このような平和は「砂上の楼閣のようなもの」であることには変りない。

このような悲劇的結末は、われわれがヴェルサイユ条約の批准国でなく、その条約の懲罰的規定に関与しなかったという事実によって、大して緩和されることはなかった。害毒はすでに流されていたのである。ヨーロッパの平衡は破壊されてしまった。オーストリア＝ハンガリーはすでに消滅した。これに代るべきものは何もなかった。敗戦の苦痛に悩み伝統的組織の破壊によって深刻な社会的不安に投げ込まれたドイツは、それにもかかわらず、中央ヨーロッパにおける唯一の強力な統一国家として残存していた。フランスを助けてドイツの勢力を封じ込めるために、頼りになる同盟国としてのロシアはもはや存在しなかった。ロシアの荒野から睨んでいるのは、ただ一つヨーロッパ文明の価値を懐疑し、あらゆるヨーロッパの悲運にほくそ笑み、その誇りと気力とに決定的打撃を与えることにのみ協力を惜しまないような、敵意ある目だけであった。ドイツとロシアとの間には、国内的安定と政治的伝統とを欠く新しい弱体な東欧および中欧諸国があるにすぎなかった。——その国民は、独立という慣れない責任を行使するに当って、あるときは性急に、あるときは臆病で、その定まるところを知らず、動揺と不安定と混迷の中にあった。ドイツの他の側にはフランスとイギリスがあったが、かれら自身戦争の激しい変遷のうちによろめき、かれらが自覚している以上の深い傷を負っていた。かれらの全盛期は去り、かれらの世界的地位は揺らいでいた。

まさしくこのような平和は、悪魔が自らの手によって来るべき悲劇の筋書を書き入れたようなものであった。それは、フランスの歴史家バンヴィルが述べたように、自らが包蔵する苦難に耐えるには、あまりにもかよわい平和であった。そして、諸君が諸君の心のうちにちょうどライオンと羊とを一緒にしたように、戦時中の病的興奮と非現実的理想主義とを同居させた結果得られる平和とはかようなものであった。諸君が国際社会を自分の心に浮ぶ理想通りに突然変革できるなどという途方もない自己欺瞞に陥るとき、諸君が過去を蔑視して斥け、過去の未来に対する関連性を否定し、そして過去の研究が教示するような現実の問題と対決することを拒否するとき、諸君が酬われる平和とはこのようなものであった。

だが、かりに諸君がこのような道を歩まなかったとしよう。その場合事態は違っているだろうか。諸君は他にどんな道を選ぶことができたであろうか。

私としては別の方途があったように思えるのである。

私の考えるところによれば、諸君は、戦争の勃発以前幾年かにわたってヨーロッパにおいて醸成されつつあった事態の、われわれに対する重要性をまず認識することから出発すべきであろう。ウィルソンがかかることは検討するほどの価値もないとして、すべて斥けたことを諸君は記憶されているだろう。

だが、それはすべてそれほど馬鹿馬鹿しいものであり、注意するに値しないものだったろうか。始めに私は、戦争の原因のあるものは奥深いものであることを指摘した。一九一四年以前一世紀に及ぶ期間、ヨーロッパ大陸に大戦争がなかったことは、フランス、ドイツ、オーストリア＝ハンガリーおよびロシアが支配的要素として存在することを前提とする一つの勢力均衡に起因していた。――そして、これらはすべて、ヨーロッパ強国間の均衡保持に対する自らの利害関係を本能的に意識し、ヨーロッパ大陸の外辺を警邏《けいら》する用意を怠らず、あたかも庭の手入れをするように大陸の勢力平衡の維持に努め、しかも、常に自らの海外領土の保護と海上における優越性とを確保するため細心の注意を払っていたイギリスによって、側面から支援されていた。ヨーロッパの平和のみならずアメリカ合衆国の安全保障は、このような複雑な機構によって隠蔽されていたのである。このような機構に対する影響は、やがてわれわれにも及んでくるはずのものであった。そして一九世紀の後半を通じて、ヨーロッパの平和機構に影響を与えずにはいなかったようなことが生起しつつあった。それは主としてオーストリア＝ハンガリーからドイツへの権力の漸次的移転であった。このことは次の点において特別の重要性をもっていた。すなわち、オーストリア＝ハンガリーは、イギリスに対して海上および通商上の競争者となるチャンスをあまりもっていなかったのに比し、ドイツは、明確にかかるチャンスをもっていたし、しかも、ドイツは愚かにも、挑発的にまた喧嘩腰でこのチャンスを利用しようとしたのであり、そのやり方はイギリスに非常な憂慮と不安定感を与えたのである。

これらのことは後になってようやく見えてくるというものではなく、見える人には見えていたのである。

一九一三年の冬、イギリスの雑誌に(アメリカのどの雑誌も断ったので)、匿名の、実は当時アメリカの外交官をしていたルイス・アインシュタイン氏の執筆にかかる論文が発表された。(7)この論文の中で、アインシュタイン氏は、ヨーロッパに嵐の前兆が現れていること、英独間の敵愾心の深刻なこと、戦争が比較的つまらない突発事件から勃発する危険のあること、そのような戦争がヨーロッパの平衡と安定とに及ぼすであろうところの影響などについて、注意を喚起した。それからさらに進んで、彼はそうしたヨーロッパ戦争がアメリカ合衆国の安全に対してもつ重要性を検討した。彼は、もしそうしなければイギリスの破滅を招来するという場合には、アメリカとしてはイギリスを救うために干渉しなければばならないということを決して疑わなかった。そして彼は、ヨーロッパにおける勢力均衡がいずれの側に急激に変化しても、われわれは影響を受けないであろうという思い込みに対して警告を発したのである。

多くのアメリカ人の気がついていないことだが、ヨーロッパの勢力均衡こそ、西半球にとって、大規模の軍備負担によって煩わされずに、経済的発展を継続することが可能だった政治的要件なのであった。

――ヨーロッパにおけるいかなる国の滅亡ないし衰退も、その程度によって異なるが災厄をもたらすであろう。

全般的均衡が保持される限り、たとえイギリスが敗北したとしても、それはアメリカ合衆国にとって問題ではない。しかしながら、幾世紀もの間ヨーロッパの政治的構造として認められていたものを覆すような性質をもつ決定的変革がもたらされようとしているときに、アメリカがこれに対して無関心の態度をとれば、結局はその代価を支払わされることになる。打倒される国家の利益はわれわれの利益でもあることを看取するのを怠るならば、アメリカは政治的に盲目であるとの責めを免れないであろうし、アメリカは後になってこれを悔悟することであろう。

さて、諸君は、一九一三年頃からでもこのような見解を――その正しさはその後の事態の発展によって実証されたのだが——思考の出発点として受け容れることもできたはずである。そうするならば、諸君は、ヨーロッパにおいて重大な紛争が生起しつつあり、われわれ自身の利益が危殆に瀕していたとの認識から出発する以上、軍備拡充のような対策を直ちに講ずることによって、われわれの発言が重みをもち、列強会議において傾聴されるようにすることができたであろう。戦争が勃発した場合、諸君は、厳正中立維持というような馬鹿げた臆病な態度を無視して、誰も本当に勝利を得られない戦争をできるかぎり早く終結させるために、われわれの力を用いることができたであろう。このような可能性があったとしたならば、疑いもなく、それは戦争の初期の頃であったし、また、そのためにわれわれは武装していなければならなかったろう。もし、これが成功しなかった時にも、諸君は、戦争を通じてそのための努力を継続しなければならなかったであろうが、その間、戦争拡大を抑制するためできるかぎりのことを尽し、交戦国と些細なことで摩擦を起すことを避け、いざという場合のため力を蓄えておくことができたであろう。そして、イギリスを決定的な敗戦から救うために(このことは、私として、干渉の理由として充分根拠あるものと容認する用意があるのだが)、ついに干渉しなければならなかったとしたら、その時こそ、諸君は、イギリスの救援と戦争の早期終結という公然たる目的のため、堂々と参戦することができたであろう。そして、諸君は、道義的スローガンを掲げたり、諸君の努力を聖戦として描くことなどせず、対敵交渉の途を閉ざさず、敵国を分割したり、その政治組織を崩壊せしめたりすることを拒否し、同盟国の極端な戦争目的に拘束されるのを避け、自らの行動の自由を確保し、ヨーロッパ大陸における将来の安定をできるかぎり阻害しないような戦局の終結を達成するために、最も決定的な段階に全力を傾注する意図の下に、諸君の力を駆け引きの上で自在に行使することができたであろう。

これらすべてのことを、諸君はおそらく行うことができたはずである。もし、諸君が、「これによって、よりよい結果とより幸福な未来とをもたらしたであろうと保証できるか」と問うならば、私の答えは、「もちろんできない」という。私がただ言い得ることは、それによってもっと悪い結果を招来しただろうとは考えられないということである。また私は次のことを言い得る。すなわち、それはわれわれが住む世界の現実にもっと密接な関連をもった考え方であること、および、長期的には——確率の法則によれば——現実的な動機をもつ行動は、非現実的動機に立つ行動よりも、より効果的であるということなどである。

しかしながら、このような私の提言に対して、重大な、しかも憤然とした反対意見があると思う。そこで、私は終りにこれに答えねばなるまい。人びとは私に向ってこう言うだろう。君は、自分の提言が世論の立場からみて全く不可能であったこと、アメリカの一般国民は一九一三年ヨーロッパにおいて進行中のできごとによって自分の利益が影響を蒙るなど考えもしなかっただろうこと、かれらは平時において軍備のため金を使うことなど夢にも思わなかっただろうことなどを知っている。君は、アメリカ国民が他の世界の勢力均衡を冷静に計量した結果、故意に参戦するようなことは絶対になかったであろうこと、かれらは直接的な挑発によってのみ参戦したであろうこと、かれらをしてこのような挑発を許したり、かかる戦争の徹底的遂行を抑制させたりすることは決してできなかったであろうことなどを知っている。さらに、君は、一般国民が、自らの軍事的努力を理想主義の言葉で粉飾し、アメリカ人を外国の戦争に送り出すことのような重大事が国家間関係の原則の根本的変革とその問題の抜本的解決をもたらさずには終らないはずだと自らを納得させることができないかぎり、満足しないであろうことを知っている。君は——と人びとは私に向って言うだろう——自分を現実主義者であると主張する。だが君が説いているどれ一つとして、わが国自身の国内的現実からみて、実行可能な域に含まれるものはないではないかと。

私はこの議論に抗弁するどころか、これを認めようとさえ思う。私は、政治的指導者たちが自ら情報を集めまた国民に真実を告げるために、時々払ったより以上の多くの努力を尽くすことができたはずではなかったかと思う。そうすれば、国民もかれらを理解し、かれらに対し感謝さえしたであろうと考える。だが、それはさておき、以上のような議論が根本的には正しいものであると言おう。それでも私としてただ一つ言っておきたいことがある。

ここで、私は、ウッドロウ・ウィルソンやハウス大佐あるいはロバート・ランシングの行為について語ろうとするのでない。私は、アメリカ合衆国の行為について言っているのである。歴史は、われわれの国家的過誤について、それがわれわれの国内的政治との関連で言いわけができるからといっても、われわれを容赦しない。諸君が過去の過誤を国内事情に由来する特別の好みや思考上の習癖のゆえに避け得なかったというならば、われわれがそうした過誤を防止し得なかったのは、わが国において実行されているような民主主義のためであるというのに等しい。もし、それが本当だとしたら、われわれは、これを率直に認め、ことの重大性をよく識別すると共に何か対策を講じようではないか。自分自身の習癖を神聖にして侵すべからずといって、自分の失敗をごまかすような国は、逃れ道のない破局に身を投ずることもありうるのである。私は、第一回の講演において、われわれが失策を犯し得る余裕は最近五〇年間に極度に狭められていることを指摘した。過去においては、われわれの民主主義の運用に欠陥があったのであれば、この際それをはっきりと言おうではないか。将来は過去よりも面倒なことが少ないと考える人があるならば、たしかにそれはどうかしている。そしてわれわれが今後も引き続いて外交政策を運用して行く体制が、民主主義のそれであることを、私は心から希望するし、またそうであることを祈るものである。

(1) Winston Churchill, *The World Crisis, 1915* (New York, 1929), pp. 1-2.
(2) Erich Maria Remarque, *All Quiet on the Western Front*, trans. A. W. Wheen (Boston: Little, Brown and Co., 1929; London: Putnam and Co. Ltd., 1929), p. 290.
(3) 一九一六年五月二七日、平和実施連盟の第一回年次総会での演説。
(4) 一九一九年七月四日、汽船ジョージ・ワシントン号での演説。
(5) 一九一七年一月二二日、上院での演説。
(6) このことはウィルソンの場合——少くとも一九一七年の初めには——あてはまらなかった。彼の心は、勝利なき平和という思想と、勢力均衡を明白に拒否した将来の世界秩序にかんする広大な構想とを、同時に包容することができたのである。
(7) *National Review*, Vol. LX (January, 1913), pp. 736-750.

第五章　第二次世界大戦

ケンブリッジ大学の歴史家、ハーバート・バターフィールドは最近こう書いている。
「人類の大きな争いの背後には、人類の恐るべき苦境があるのであり、これこそその歴史の核心をなすものなのである。……同時代の人びとはこの苦境を理解しないし、その真実性を認めようとしない。だから、われわれは後の分析によって始めてこれを知るのである。ある特定の主題について歴史科学の研究が進むに及んで、始めて人びとは、人間の知恵をもってしても解きほどくことのできないような恐るべき結び目があったことを、本当に理解するようになるのである。」

私はこのことが、他のいずれの大きな争いの場合にもまして、第二次世界大戦についてあてはまるとは思わない。だが、この戦争が、民主主義陣営に立って戦った人びと、とくにわれわれ自身によって、ほとんど理解されなかったということは否定できない事実である。この戦争自体の意義に対する理解の欠如は、戦後の事態にわれわれ自身を順応させる試みにおいて、現にわれわれが体験しつつあるような大きな混迷と困難とに多大の関連をもっていることも確かである。

おそらくこの最近の戦争を理解する上で最も助けとなることは、戦争が始まる前から、われわれは軍事的対決において不利な条件を負わされていたこと——つまり、この戦争は完全な勝利を達成できないものであったこと——を知ることであると思われる。

この間の事情についてさらに説明を加えよう。大戦の開始前、世界の陸軍力と空軍力の圧倒的部分が、ナチス・ドイツ、ソヴェト・ロシアおよび日本帝国という三つの政治勢力の手に集中されていた。これらの勢力はどれも、西側民主主義に対して深刻な危険な敵意を抱いていた。一九三〇年の後半の情勢では、もし、右三国がその勢力を結集し、緊密な軍事的計画をもつならば、残された西側諸国は、その現有ないしは将来持つべき武力によって、ヨーロッパおよびアジア大陸においてかれらを撃破する希望を全くもてなかった。ヨーロッパおよびアジアにおいて西側民主主義国は軍事的劣勢に立つこととなり、世界の勢力均衡は西側にとって決定的に不利となったであろう。

私は、このことが、西側の政治家によって看取されていたとか、また、容易に看取されたであろうとか主張しているのでない。しかし、私は、それが一つの現実であったと信じている。そして、それが現実であったがゆえに、戦争が起った場合、それは、西側の勝利の程度に制約を課すことになったのである。この三つの全体主義国のうち日本のみが、他の全体主義国のいずれかの援助を借りずに、民主主義陣営によって撃破し得た国であったろう。ドイツとロシアの場合、事態はもっと重大であった。両国が一緒になれば、これを撃破することは不可能であったし、民主主義陣営がそのいずれかと協力する場合にのみ、これを個別的に撃破することが可能であった。

しかしながら、そのような協力は、全面勝利の段階まで推し進められるならば、協力する相手国の力を相対的に強化し、結局平和会議に貪欲な冷酷な債権者として出現させることになるであろう。それればかりでなく、これら二国のいずれかが民主主義陣営に立って参戦する場合、その協力する全体主義国は、軍事行動の展開の当然の結果として東ヨーロッパの大部分を占領することになるので、民主主義陣営はその戦争を完全にまた成功裡に終らせることはできないのである。

それゆえに、一九三九年当時の情勢下において、西側民主主義諸国は、すでに軍事的には劣勢であるというハンディキャップを負っていたのであり、かれらがこれがため代価を支払わないですむことはほとんど期待できないことであった。それはもはや選択の自由が残されているようなものでなく、いわばトランプのカードが民主主義陣営にとって不利なように配られていたので、新しい世界大戦でかれらの完全かつ見事な勝利などほとんど予見できなかったのである。

そこで、後から考えてみて、こういうことが問われるかもしれない。すなわち、もしそのような実情であったとしたら、西側の政治家たちは、全体主義国が自ら消耗し尽すように、かれらを互いに戦わせ、西側民主主義諸国の安全を毀損しないでおくような政策を、開戦する前に仕組んだ方が賢明ではなかったかということである。ソヴェトの宣伝が三〇年代に西側の政治家を攻撃したのは、まさにこの点に外ならなかった。そして事実、西側の行動のあるものは、あまりにも漠然としており、下手だったので、かかる非難をもっともらしくみせたということはある。一九三〇年代後半における西側の政策をもって、このような死物狂いのマキァヴェリ的計画を行う能力をもっていたと信ずるならば、それは、西側の政策のもつ見透しと力とを、あまりに買いかぶっているといえよう。私個人としては、西側のどの国の責任ある有力な意見も、実際、戦争を――独ソ間の戦争すらも――少しでも欲していたという証拠を見つけ出すことはできない。ナチスとロシア共産主義者との間の戦争は、東ヨーロッパの小国の疲弊した身体をかこんで、争われることは明らかであった。そして、ミュンヘンの悲劇にもかかわらず、これら東欧諸国の独立の消滅は、誰も希望しないところであった。他に証拠がないかぎり、われわれは、フランスとイギリスがついに一九三九年に戦争に訴えたのは、ポーランド独立問題に外ならないとの明白な事実を否定できない。

全体主義国間の相剋を意識的に狙った政策というものは、主観的理由から、民主主義諸国の政治家にとり、実行可能な代案とは全く考えられなかったというのが事実である。民主主義思想を支持する人びとは、それぞれの見方によって、この事実に対して希望を、あるいは失望を感じるであろう。そして、一九三九年夏、ヨーロッパに戦争の暗影が拡がったとき、われわれが現在後から考えても分かるように、西側の政治家の当面したディレンマは、明白かつ不可避のものであった。ロシアの援助がないかぎり、ドイツに対する勝利の見込みは存在しなかった。このような援助に対して、かりにそれがいずれは得られるにしても、西側民主主義諸国は、戦争の軍事的帰結において、また平和会議で提起されるべき要求において、重大な代価を支払わねばならなかったろう。換言するならば、西側の軍事的目的は、始めから抵当に入れられていたようなものである。ドイツに関するかぎり、その目的は達成されたかもしれないが、それには高価な政治的代償が請求されるであろう。ところで、これは、ソヴェト・ロシアとの協力だけのことでなかった。民主主義陣営がヴィシー政府やフランコのスペインその他との間に結ぶことを余儀なくされた不本意な妥協も、みな同じ問題の一部を成していた。つまり、それらは西側の軍事的劣勢の代価をなすものであった。

これらのことを認識することは重要なことである。というのは、一九三九年に開始された西側の軍事的計画がもともとあまり希望をもてないものであることに留意しながら、西側諸国の問題を以上のような観点から眺める場合、今次世界大戦に関連して西側の政治家が犯した大きな過誤は、つまり事態の進展を放置して、西側の利益に対して苦痛なまた致命的な「重荷」を負わしてしまったという過誤は、戦争中だけのものであったかどうか——それはむしろそれより以前の過誤ないしはそれ以前の「周囲の状況」ともいうべきものによるものではなかったのか、という疑問をわれわれはもち始めるのである。もちろんこれは戦争のより深い根源についての問題であるが、われわれとしてこれに直面するより外に仕方がないと思われる。なぜならば、こんな不吉な戦争に勝つ最善の方法は、戦争をしなくともすむような他の方法を探すことにあったはずだという考えが当然出てくるからである。一九三九年の九月頃は、もちろんこのような手を打つには遅すぎていた。その頃には、フランスもイギリスも、ちょうど真珠湾攻撃直後の太平洋におけるわれわれと同様に、選択の余地がなかった。だが、一体手遅れでなかったという時があったであろうか。

　第二次大戦回避のため西側の政治家として、どんな手が打てたであろうかというような質問に答えるのは容易なことでない。フランスの歴史家バンヴィルのような尊敬すべき学者が、早くも一九二〇年に、第一次世界大戦によって招来された事態のうちに特別な性格を見出せると主張し、この性格から論理的に導かれるものとして第二次大戦に至る全般的な事態の推移を、かなり正確に予言しているのをみると、やや当惑せざるを得ないのである。というのは、この予言は、第二次大戦は第一次大戦の結果のうちに当然含まれていたものでないか、つまり次のような事実のうちに暗黙の原因をもっていたのではないかという疑問にわれわれを導くからである。すなわち、イギリスとフランスが、第一次大戦当時考えられた以上の深手を負い、弱体化されたこと、オーストリア＝ハンガリーは亡び、ロシアは、そのエネルギーと資源とが資本主義的民主主義一般に激しい敵意を抱く人びとによって掌握されるに至ったことによって、両国ともヨーロッパの安定の担い手としての役割を喪失したこと、ドイツは、希望を失い、貧困に悩み、敗戦に打ち砕かれ、伝統的制度の破壊によって不安を感じながらも、なお中央ヨーロッパにおける唯一の統一された大国民として存続したことなどである。このように見てくると、第二次世界大戦は当然起るべくして起ったものであり、第一次世界大戦の不可避的結果に外ならないと結論することは容易である。そこで諸君は、現代の不安定の真の原因を探るために、再び前大戦の起源を穿鑿し始める。そして、この見地から一歩を進めれば、第二次世界大戦の責任を一九二〇年代および三〇年代の政治家から免除し、かれらは、その力をもってしてはどうしようもなかった悲劇の中の演技者にすぎなかったのであると看做すこととなる。

もちろんこれは極端な見方である。政治家というものは、かれらの前任者から、完全な解決の途を見出し得ないような窮状やディレンマを、通常引き継ぐものであり、短期間に事態を改善しようとするかれらの行動能力は、多くの場合実際限られている。だが、長期にわたれば(二〇年といえばかなり長い期間である)、そこには常になんらかの選択の余地が残されているものである。第一次世界大戦は、戦後の西側世界をそれ以前に比しずっと窮乏化させるとともに、戦後の政治家の行動の範囲を著しく狭めたところの本当の悲劇であると言ってもいいと思う。だからといって、戦後の政治家に行動の自由が全然なかったとはいえない。いいかえれば、そこにはまだ、「なしえたであろうこと」があったのであり、また実際とられた措置に比べて、少くとも効果的であり、これ以上の悲劇を阻止する可能性をより多くもっていたと考えられるようなものがあったのである。ドイツに関するかぎり、私にとって明らかに重要だと思われる二つの途があった。そのいずれにおいてでも、われわれアメリカ人はもしそうする意志があったとしたら、相当の役割を果すことができたであろう。第一に、われわれは、ワイマール共和国における穏健な勢力に対して、もっと多くの理解と援助と激励を与えることができたであろう。そして、それでもナチズムの擡頭の阻止に成功しなかった場合、その時にこそ、われわれは、ヒトラーの初期の挑発と侵略に対して、より強硬な、より断乎たる態度をとることができたはずである。

西側の考え方の中で主流を占め、二つの世界大戦の間の民主主義陣営の政治指導に対する有力な非難の根源をなしたのは、この二つの可能性の中の後のもの、すなわち、初期にヒトラーに対してもっと強硬な態度をとればよかったということである。疑いもなく、このような政策は、ナチの体制をより慎重な行動をとるように仕向け、その時間表の実施をもっと遅らせることができたかもしれない。この見方からすれば、一九三六年ラインラント進駐の時に強硬態度をとれば、それはミュンヘン当時において行うよりも、もっと効果を挙げたであろうということになる。だが、こうした議論はドイツのような偉大な西欧国家においてヒトラーのような人間に権力を握らせないようにすることが重要であるのに、それよりも、彼が権力を握ってからこれを阻止することの重要性を誇大視する傾向があるように思われる。ヒトラーが一九三三年から三九年にかけてその権力を強化することに成功したことは、もちろん西側民主主義にとって一つの敗北であった。だが、実際にはドイツ国民自体が、大した抵抗や抗議もせずに、ヒトラーを自分の指導者および支配者として迎えるような心境をもつに至った時に、すでに西側はもっと大きな敗北を喫していたのである。

西側民主主義諸国のより強硬な態度は、ヒトラーの崩壊をもたらし、それほど悪性でない政権によって交代させることができたかもしれないといえよう。事実、ミュンヘン当時フランスとイギリスが強硬策をとるだけの先見の明があったなら、ヒトラーへの叛乱が企てられたかもしれないという証拠はある。しかし、そうなるかどうか非常にあやふやなものがあった。ナチズムのもつ催眠的魅力は、すでにドイツ国民を強く捕えていた。誰かがヒトラーを倒すとしたら、それはおそらく将軍たちであったろう。かれらが事態を後で収拾し、ナチズムばかりでなくドイツ人の攻撃的精神一般をも退治し、そして西側諸国との関係を調整することができたかどうか、確かでない。西ヨーロッパの大きな不幸は、ヒトラーにあったのでなく、彼の勝利を可能ならしめたドイツ社会の脆弱性にあったと思われる。このことはまた、われわれをして、ワイマール共和国に対する西側民主主義諸国の態度に関する問題に復帰させるのである。

事態の進展はあまりに急速なので、われわれは、ドイツの歴史上極めて興味あるこの時期――文化的に知的に驚異的進歩を遂げ、希望に満ち満ちており、しかもなお絶望と隣り合せていた一九三三年以前の時期を見失いがちである。一九二〇年代の一〇年間、ベルリンはヨーロッパの首都のうち最も活気のある都会であった。そして、そこにおいては、西側民主主義諸国がそれを利用しまたそれから教訓を学びとることができたかもしれないような事柄が、起りつつあったのである。われわれアメリカ人がワイマール・ドイツと締結した平和条約が、懲罰的でなかったことは事実である。この新しいドイツに対して政治的に攻勢的態度をとったという非難を、アメリカ人に向けることは正しくない。われわれは馬鹿馬鹿しいくらいに、気前よくドイツに対して財政的援助を行なった。だが、ここで私が考えているのは、われわれだけに関してでなく、西側民主主義諸国一般に関してである。そして、それは単なる政治的または財政的な問題以上の何ものかである。すなわち、それは猜疑と嫌悪をもった一般的態度であり、それには、国際連盟の所在地たるジュネーヴのゴルフ場で一九二七年になってもドイツ人の立入禁止をさせたほど愚劣な一種の社会的優越感が混り合っていたのである。われわれはワイマール・ドイツを傷つけるようなことは何もしなかった、むしろ勝手にさせておいたのである。時には、こういう政策が効果的である場合もある。だが、ドイツの場合はそうでなかった。いずれにせよ、いい機会を失したのであった。しかも重要なことは、その機会は政治的分野だけでなく、文化的および知的分野においても同様に存在していたのである。

第二の全体主義国たるロシアについて一言しよう。この偉大な国をわれわれの相手方の陣営に参加せしめないため、一九三九年以前において、われわれとして何事もなし得なかっただろうか。私は、われわれがこの問題に講演全体を割き得ないのを残念に思う。というのは、それは興味ある問題であるばかりでなく、私として最も関心をもっているものであるからである。私は、常にわれわれ自身の行動が、ソヴェトの脅威の度合を削減するた

め の最善の計画に基づいていたとは思わない。私は、われわれとして、ロシアの共産主義者たちの、愛情とはいわぬにしても、尊敬を獲得するために、もっといろいろのことをなし得たはずであると思う。われわれはともすると忘れがちであるが、敵方の尊敬をかち得るということは、決して馬鹿にすべきことでない。しかしながら、ボリシェヴィキのリーダーシップの政治的性格を根本的に変革するとか、ボリシェヴィキがそれによって教育されかつそれをもって権力を握るに至ったような、あの西側民主主義に対する憎悪をもった先入観を和らげるために、われわれとして何かできたかどうか、それは分からない。これらのことは、とくにロシア的現象の中に根を下している深い心理的原因をもっている。西側の資本主義的民主主義が、一九一七年以前において、このような激しい敵意を惹起するほどのことを、何か行なったことがあるかどうか、私は知らない。だが、敵意がひとたび抱かれると、西側が直接行いうるいかなることによっても、これを変えることはほとんどできないことは確かであると思われる。そして、われわれとしてこれに対処する最善の道は、あらゆる場合に、非常な自制と一貫性と威厳とをもった態度を保持することであったろう。

日本について言うならば、一九四〇年代の初めの戦争で日本もまたわれわれを敵に廻すかどうかの問題は、もちろん主としてわれわれの問題であって、フランスやイギリスの問題ではなかった。私は、この討議の目的からこの問題を全く割愛できたらばと思う。というのは、それは、ヨーロッパにおける戦争の原因とは比較的関連が薄いにしても、それ自体非常に大きな問題であり、簡単に取り扱うことは容易でないからである。だが、われわれがドイツおよび日本と同時に戦争を始めたという事実は、戦争の経過と結果に関して重要な要因をなすものであり、したがってわれわれとしてこの問題を無視するわけにゆかないのである。

この問題を充分に論じようとするならば、それは、太平洋戦争勃発に先立つ半世紀にわたる日米関係の経緯すべてを論ずることとなる。われわれがこれをここで行えないことも明らかである。その上、われわれは、歴史の事後診断には決して確実性がないという面白からざる事実を、つけ加えねばならない。現世紀の前半が進むにつれ、そしてパールハーバー攻撃の時期が近づくにつれて、対日戦争回避の望みを嘱していたアメリカの政治家がとりうる行動の余地は、狭くなるばかりであったことは明らかであると思われる。そして、日本が攻撃する直前の歳月におけるわれわれの作為ないし不作為は、いかなることであれ実際にあの最終的結末を防止し得たかどうか、誰も確言できないと思われる。もっと希望がもてるような可能性があったとするならば、それは、われわれに許された時間にもっと余裕があり、われわれが外交的駆引きをする余地がもっと大きかった遠い過去の時期において、より多く存在したであろう。だが、このような可能性が現実に存在したかどうか、意見の分かれるところに違いない。それにどれほどの価値があるかどうかは別として、私自身の感じを申し上げるならば、対日戦争の回避を目的とし、他の動機によってあまり煩わされない慎重かつ現実的な政策は、われわれが実際追求したところのものと相当違った一連の行動をとらしめ、したがっておそらくすっかり違った結果を招来したであろう。

しかしながら、ヨーロッパの場合と同じくここでも、もし戦争を全く回避する途があったとしたら、それは多分かなり遠い過去に関連したところのものであり、その時期は人びとが戦争のことを全然考えず、かれらの作為、不作為が将来恐るべき不幸の種を作るなどとは思いも及ばなかったような時であったことを記録すれば、われわれとして充分であると思われる。

そこでわれわれは、一九三九年頃には、西側民主主義諸国にとって事態は全く不吉なものとなっていたという基本的事実に、再び戻るわけである。かれらが起るにまかせていた情勢は、完全な解決策を見出し得ないようなものであった。かれらがこれを認識していると否とにかかわらず、その戦争は、本当の意味で、かれらにとり防衛戦争以上のものにはなり得なかった。すなわち、それによって当面の生存を確保できるにせよ、ほとんど世界の安定の改善に寄与しないばかりか、決して民主主義の積極的・建設的な目的をどれ一つ推進し得ないような戦争である。このことに留意するならば、戦時中の重要な諸決定の大部分を、より寛大な態度で眺めることができるのである。

これらの重要決定の中で記述に値する最初のものは、ドイツがわれわれに対して宣戦するまで、ヨーロッパ戦争に介入しないとのわれわれ自身の決定――それを決定と呼ぶことが許されるなら――であったように思われる。これはもちろん、第一次世界大戦当時、無制限潜水艦戦争宣言という公然たるドイツ側の行動がわれわれを戦争に引き込むまで、参戦を抑制していたわれわれの態度に匹敵し得るものであった。そして私として両大戦におけるわれわれの行動に関連して最も興味を惹かれるものは、ひとたびわれわれが参戦するや、闘争自体に対するわれわれの感情的態度が顕著に変化したということである。理論的には、ヨーロッパの闘争をめぐる諸問題が事実われわれにとって死活の重要性をもっておればこそ、一九四二―四五年にわれわれは戦ったのであるというならば、一九三九年から四一年に至る期間においても、それは決して劣らざる重要性をもっていたに違いないわけである。事実、ドイツの対ソ攻撃以前の初期的段階において、イギリスとフランスの戦争目的は、自由と民主主義の擁護であったと呼び得る。なぜなら、それ以外にほとんど西欧側を動かすものはなかったからである。ところが、後になって、われわれが、ドイツを打倒することがわれわれの死活の問題であると悟り、多大の軍事的犠牲を支払うべき必要を認めたときには、民主主義陣営へのソ連の加盟によって、単なる防衛戦争以上の戦争の大義はあいまいなものとなってしまっていたのであった。

さて、私がこう言うのは次のような理由によるのである。つまり、民主主義における世論形成の過程の作為性というものを充分に斟酌《しんしゃく》してみても、われわれアメリカ人が戦争に注入し得るあの感情的発作の本当の原因は、戦争をめぐる広汎な問題に対する客観的な理解に求められるよりは、他の国民がわれわれをして武器をとらざるを得ないまでに挑発してしまったという事実に対する深刻な憤激のうちに見出されるようだからである。こういうわけで、民主主義国の戦争努力は、利害得失よりも本質的に懲罰を加えるという調子を帯びるのである。私がこう言うのも、このような考え方がなんらかの意義をもち得るとするならば、それは、われわれが実力を行使する場合、感情的なまた合理的限界を見出し難いような目的より、合理的なまた限定された目的のためにこれを用いる方が困難であるという事情をよく説明しているからである。

ひとたびわれわれがヨーロッパ戦争に介入し、そして当時同方面において西側諸国が当面していた軍事的ハンディキャップをそのまま引き継いだ以上、その後戦争を通じてなされた諸決定は、今日われわれが思いも及ばぬ程の軍事的その他の非常な圧迫の渦中にあって苦悩し、過労した人びとが下したものなのである。今日われわれが当面しているあらゆる困難の根源を戦時中の特定な決定の責めに帰するような事後解釈というものは、ややもすると俎上の人びとや歴史的理解の問題に対して不公平になりがちであると思われる。戦時中の過誤について最もやかましい非難は、主にわれわれのソ連との交渉、とくにモスクワ、テヘランおよびヤルタなどの戦時中の会議に関連している。これらの会議が開催されている当時これに不満をもち、かつそれが誤った希望を抱かせ、誤解を生じはしないかと憂慮した一人として、私は、これらの会議の重要性が近来かなり過大評価されているように思うと述べることを、おそらく許されるだろう。ロシア側とのこれらの会談から西欧民主主義陣営が非常な得をしたと言い得ないにしても、それによって非常な損をしたと言うこともまた正しくないであろう。東ヨーロッパにおけるソ連の軍事的支配の確立と満州への進出は、これらの会談の結果ではなく、それは、戦争の最終的段階における軍事行動の結果なのであった。西側民主主義陣営としては、これらの地域に先に到達する以外、ロシアの進出を防止し得なかったし、かれらとして、これを行う態勢になかった。ルーズヴェルトがヤルタ協定をスターリンと結ばなかったら、ソ連軍は満州に進駐しなかったであろうと言うことは、全くナンセンスである。何人も、ソ連が、最後の一撃を加え、半世紀にわたって求めていた目的物を獲得する機会を利用するために、太平洋戦争の最終的段階に当って参戦することを阻止し得なかったであろう。

ヤルタ協定を国民党政府に対する無慈悲な裏切行為として描き出すことも、同様に間違っている。そこで協定されたことは、われわれが中国政府に対して特定の事項を勧告するということであった。当時、中国政府の指導者たちは、これに対して反対していなかった。ヤルタ会議よりずっと以前、かれらはわれわれに対して、ソヴェト政府との国交調整について援助を要請したことがある。後になってかれら自身、われわれが行なったことに対して満足の意を表明したのである。かれらが独自の立場からロシア人を相手とし、また実際上将来の満州の管理に関する取極めを確定したその後の交渉において、かれらは、ヤルタにおいて協定され、われわれが勧告したもの以上に、ある点では対ソ譲歩を拡大した。かかる譲歩はかれら自身の責任において行うものであり、われわれの勧告するところでないことをとくに警告されたにもかかわらず、かれらはこれを敢えてしたのである。

したがって、実際的見地からこれらの戦時会議のことをどんなに悪く言っても、それは、会議がやや多すぎたこと、およびアメリカや他の方面で、ある程度誤った希望を生むに至ったことなどである。だが、これに関連して、これらの会議は、われわれとしてソヴェト体制と友好関係を確立しようとの誠意と用意をもっていること、およびこれを実行するに当ってわれわれが多大の困難に逢着することなどを、具体的に実証したものとして、明確に評価さるべきものであることを記憶しなければならない。これらは、忍耐と親善を示した他の事例と同様、重要な記録として残さるべきである。われわれがこれらの会議に参加しなかったならば、私の想像では、われわれは今なお、「君は対ソ協力を不可能と主張しているが、どうしてそれが分かるのだ。君はまだそれをやってみないではないか」という非難めいた声を聞くことであろう。

あまり多く耳にしないが、ロシアに対するわれわれの戦時政策に対するもっと実質的な非難は、戦争の後半、殊に一九四四年夏以後も武器貸与《レンド・リース》を継続したことに関連したものである。憶えておられるかもしれないが、その頃には、ロシアは自国領域から敵軍をすでに駆逐しており、ロシアに対するわれわれ自身の立場も第二戦線の設定の成功により著しく改善されていた。この限度を越えてロシアの軍隊の行うことは何であれ、ドイツ以外のヨーロッパ諸国民にとって重大な政治的結果を及ぼさざるを得ないのであり、それは単なるドイツの敗北よりもはるかに広範な結果を及ぼすものであった。このような政治問題の展開に対しなんらかの注意を払うことを拒否したこと、および、ドイツの撃破以外にソ連が東欧において抱いている目的がアメリカとして承認しかつ支持しうるものかどうか疑うべき理由が強くなった時にも、おしげもなくまたただやたらに対ソ援助を継続したことに対して、これを正当化する充分な根拠が存在しなかったと論ずることは充分可能であると思われる。

だが、これらすべてに関連して、われわれとして留意すべきことは、わが国の政治家たちが、軍事的必要という絶対的要請に応じなくてはならなかったということであり、もし恒久平和になんらかの希望をつなぐことができるとするならば、ソ連の猜疑心を解きかつその戦後における協力を獲得する可能性に賭ける以外に道がないと、かれらが深く確信していたことである。われわれロシア問題専門家の多くの者は、当時このような考え方に我慢がならなかった。なぜならば、われわれは、その成功のチャンスがいかに小さなものであるかを知っていたし、また、西側世界が、神経を太くまた快活な態度を持し、しかも相当の軍事的準備をもつなら、戦争とか政治的親交とかいずれの極端にも走らずに、クレムリンの権力と同じ世界に無期限に共存できないはずはないと考えていたからである。その後の推移にかんがみて、私は、われわれの見解もまた完全なものでなかったことを認める。われわれは、ソヴェトの権力の性格については正しかったが、アメリカのデモクラシーがその歴史の現段階において、不安定、不都合および軍事的危険に満ちた状況に長く耐えられる能力については、誤った判断をしていた。おそらくハリー・ホプキンスやルーズヴェルトは、当時われわれが考えていたよりもっと有力な根拠をもって、すべてはソヴェトの態度を変更せしめる可能性いかんにかかっていると信じていたのであろう。だが、かりにそうであっても、このことは、われわれ誰もが察知し得なかったほどのはなはだしいディレンマが存在していたこと、および現代の危機は第二次世界大戦による巨大な混乱もその局部的徴候にすぎないほどの深さをもったものであることを、教えているにすぎない。

そして、武器貸与や戦時中の会議に関連して、われわれが違った行動をとったならば、きない。ヨーロッパにおける戦局の結果が、実際より非常に異なったであろうと考えることなどできない。われわれは金銭および物資の浪費をわずかばかり食い止めたかもしれない。われわれは、もう少し早くヨーロッパの中心に到達し、われわれの同盟国ソヴェトに対する負い目によって煩わされることが少なかったかもしれない。東と西を分ける戦後の分割線が、今日のそれよりやや東の方に寄っていたかもしれないし、それは確かに関係国一同を安堵させただろう。だが、それでもなお、われわれは次のような根本的ディレンマから逃れることはできない。すなわち、ヒトラーのような人間との妥協平和など思いもつかぬことであったし、また実行不可能なことであったこと、次に、「無条件降伏」をいいふらしたり、これを戦時中のスローガンにすることなどは、あまり賢明なことでなかったにしても、現実には、ロシアと協調してやっていると否とを問わず、この不幸な戦争を、とことんまでやり抜くより以外に適切な方法がなかったことなどである。これがどういう意味をもったかというと、遅かれ早かれ、東ヨーロッパか中央ヨーロッパに、ある一線――おそらく東寄りというよりもっと中央に近かったであろうが――をはさんで、片方にわれわれ、他方にソヴェト軍が対峙することとなり、戦闘休止後この六カ年間に明らかにされたと同じことについて、ソヴェトとの間に了解を遂げるという結末となったであろう。

こう考えてくると、われわれが次のような疑問を提出することは、決して間違っていないと思われる。つまり、第二次世界大戦中の最大の過誤は本当に、軍事行動を規定しまた軍事行動の切迫の下で連合国間の相互関係を規定したあの苦しくかつ困難だった諸決定であったかどうか——換言すれば、それは実際に、指導的地位にあったわずかな人びとの下した決定の誤りであったかどうか——、それはむしろ、われわれが参加した軍事的冒険と関連して、わが国の社会全体がとった態度と理解の仕方に、より根本的な誤りがあったのではないかということである。まず第一に、われわれ西側陣営は、当初軍事的に劣勢であり、われわれの戦争目的を部分的にしか達成できず、しかもそれはひとつの全体主義国と協力し代価を支払ってのみ可能であったかぎり、この戦争が本質的にまた不可避的に防衛的性質をもっているものであることを理解しなかった。かかる無理解は、われわれが現代の歴史的過程について一般的に無知であり、とくに特定の情勢の背後にある権力的実勢に対して注意を払わないということに起因している。

だが、それればかりか、そこにはもっと重要な理解が欠けているように思われる。それは、戦争一般——いかなる戦争でも——が、民主国家の目的を達成するための手段として限界をもっていることを、理解していないことである。これは、民主主義の目的に対する、力とか強制とかいうものの関係は、いかにあるべきかという問題である。これらのものが、民主主義の国内的運用のみならず国際的運用上、無視し得ないものであることを、私は決して否定するものでない。このことは、われわれが自国の歴史を通じて知っていたような世界と全然違った世界が出現しないかぎり、依然として真実たるに変らないであろう。だが、もしわれわれが、強制手段の重要性と可能性とについてのよりよい国民的理解なしに、それを国際社会において行使し続けるならば、われわれは、それによって利益を得ると同じくらいにわれわれ自身の利益を害することとなると思う。人を傷つけたり、殺したり、人の住居やその他の建物を破壊したりすることは、それが他の理由からどんなに必要であろうとも、それ自体ではいかなる民主的目的に対しても、積極的貢献をすることにならないということを認識するのは最も必要なことである。それは、われわれ自身の国の中で破壊が行われ、われわれ同胞が殺戮されることを避けるために、遺憾ではあるがやむを得ない方法として、とられることもあり得る。それは、擁護を必要とし、他の方法によっては擁護し得ないような価値を、おそらく守ることができるだろう。時たまにではあるが、十二分に考え、慎重な用意をめぐらし、しかも節度を知って用いられるならば、力の行使は、より大きな暴力の代りにより小さな暴力をもって、他の方法によるよりももっと希望がもてるような方向へ、人間社会のできごとを向けることができるかもしれない。だが、本当は、人間が死んだり、建物が潰れたり、また敵軍が退却したりしている時には、民主主義の目的は推進されないものである。他方、これらのできごとが起らないかぎり民主主義の目的が推進されることは困難であるかもしれないので、そこに国策の手段として力を行使することを正当化する根拠があるわけである。しかしながら、実際、民主主義が推進される場合は、人間の心のうちに何か起った結果として、彼の精神的向上が見られ、他の人びとに対する真のつながりが強く意識された時のみである。——他人の威厳が傷つけられた場合には、他人事でなく、自分の威厳もまた毀損されたのであるとの意識をもたせるようななんらかの変化が、人の心のうちに起った時だけである。それゆえにこそ、戦争の破壊的過程は、人の視野を拡げかつその心底を変革せしめることを目的とした違った種類の努力をいつも伴わねばならないし、またこれに従属すべきものなのである。そして、この破壊過程はそれ自体、世界を改革しようとする希望、熱意や夢などを伝えるための適当な手段として、決して考えらるべきでないのである。力も平和と同様に一つの抽象的概念ではない。それを、一定の与えられた目的と方法の枠から離れた概念として取り扱うことも、また理解することもできないのである。これがもっとよく理解されていたならば、平和時においてかくも多くのアメリカ人が陥る国際的暴力に対する徹底的な道義的排斥もなければ、また、戦時において同じく多数のアメリカ人の特徴となる国際的暴力の衝動とその内在的推進力に対する全くの無抵抗もあり得ないことであろう。

わが国の世論および指導者の洞察力が、第二次世界大戦と関連ある一九三〇年代および四〇年代全体の期間を通じ、これらの現実を理解する力をもっていたならば、今日われわれの状態がどれほど違ったものになっていたか、私として明言することは困難である。もしそうしていたならば、戦争はわれわれが実際に参戦したような形では決して到来しなかったかもしれないと想像することはやさしい。あるいは多分、たとえ参戦することになったとしても、われわれはもっと早い時期に、しかももっと大きな武力をもって、参戦する用意ができており、したがって、穏和で安定した世界を求める勢力のためにもっと有利な条件で、戦争を終結させることができたかもしれなかった。だが、これは単なる推測にすぎない。歴史家は、現実に対する優れた理解力が、ある特定の災厄を防止したり、またある重大な人間的苦悩を除去したりするであろうということを、決して実証することはできない。彼がただ言い得ることは、確率の法則に照らして、現実のよりよい理解が助けとなったであろうということに過ぎないのである。

最悪の場合でも、次のようになったことは確かであろう。すなわち、われわれが、第二次世界大戦中のわれわれの窮境を形成したもろもろの要因を、もっとよく理解したならば、われわれは、もっと冷静に、もっと団結していただろうし、今日わが国においてお互いにいがみあうようなこともなかったであろう。なぜなら、その場合、われわれは、一九四九年以来生起した事態に対して、もっと充分な用意をもっていたであろうし、それを誰か他人の愚劣な行為や背信行為の結果であると思い誤るような傾向をあまりもたなかったと思われるからである。われわれにとってそれ以上よい結果がもたらされたであろうというのが、事実私の信念であるけれども、私としてこれを実証することはできない。人間の知性のうちに見出されるもろもろの可能性は、無知と暗黒とに基づく可能性と同様に、それを仮設的に論証することができるのはごくまれである。だが、かかる可能性は、時に人を驚かせるほどのものがあるのである。

第六章　現代世界の外交

これらの講演は、歴史の演習をしようとする目的をもち、アメリカ外交の分野における過去の諸事件の分析になんらか寄与をしようとの意図をもったものであった。普通ならば、それだけでよかったかもしれない。しかしながら、私がそれを背景においてこの講演を行なった現在の情勢は、非常に興味深いものがあり、諸君がこれらの事件に気を奪われることは、当然でもありまた充分理解し得るところであるので、私が今まで講述したことは、その今日われわれの当面する問題に対する関連性が明らかにされぬかぎり、十二分に活用されないと諸君が感ずるであろうことも、私として承知しているところである。

その前に、私はあと一言、過去について申し述べたいことがある。それは、私が実際考えているより以上に、われわれの外交分野における過去の行動が、暗くかつ陰気なもののような印象を、諸君に与えたのではないかと惧れていることである。この半世紀におけるアメリカ外交の記録は、消極的な面とともに積極的な面を多くもっていることを、私自身認めていることを記すべきであると思われる。この時代は、われわれにとって大変な、最も苦しい過渡期であったことを記憶しておきたい。われわれは、中立的立場をとる小国が抱くような観念と方法論とをもってこの時代に臨んだのであった。私はそのような態度をよく知っている。私は、このような態度を、光栄にも私がわが政府を代表して交渉したことのあるいくつかの外国の外務省において観察した。私としては、この態度が好きであるし、尊敬も払っており、また、これに対してある意味でのノスタルジアを感じていることを白状せざるを得ない。それは、それ自体のうちに優れた素質と威厳とを持ち得るし、通常の場合持っているものなのである。現世紀への転換期の頃の国務省は、奇妙な古めかしい場所だった。そして私が入った頃の一九二〇年代でもまだ多分にそうであった。法律事務所のような雰囲気をもち、冷えびえとした暗い廊下やスウィング・ドアーや真鍮の痰壺、黒革の揺り椅子などがあり、さらに、国務長官の部屋には旧式な大時計が備えてあった。そこにはまことに古めかしい威厳と簡素さが現れていた。その頃の国務省で勤務していた人たちは、皆専門家であり、そのあるものは長い経験と偉大な能力をもった人びとであった。そして、どちらかといえばその長官には、本当に道徳的にも知的にも立派な能力を具えたアメリカ人が多かった。

私の講演の中で述べたことが、ジョン・ヘイ、エリフ・ルート、チャールス・エヴァンス・ヒューズやヘンリー・スティムソンのような人びとに対して、少しでも失礼と思われるようなことがあるとしたら、それは私として最も遺憾なことである。これらの人は、情理の融合、節度ある繊細な気質、非の打ちどころのない個人間の信義、謙譲と威厳の合致、目下の者に対する親切かつ寛大な態度などを包括した典型的人物であり、かかる資質こそは、世界人類に対するわれわれの最善の寄与であり、われわれの国民的理想と天才とを最高度に具現したものに外ならない。かれらは、他人を判断することにおいて非常に慎重かつ細心であり、自分が真相を把握したと考えるまで意見を控えるのに極めて注意深く、不充分な証拠に基づいて性急な結論を下す危険を充分に知っていたので、もしわれわれが、かれらの足跡とかれら自らの手になる証拠類を、これと違った気持で取り扱うようなことがあれば、それは、われわれ自身を物笑いにするだけであろう。

われわれは異なった世代のものであり、したがって、われわれの先輩が直面した諸般の要請や、これに対するかれらの処置の適否について、判定を下す充分な資格をもっていない。公職にあったこれらの人びとの行動に対しては、われわれが自分の親の苦労と業績とに対して感じるのと同じような同情と賞讃の念を抱くのみであるけれども、それには、どこの子供でも、現代の世の中にはおやじにはほとんど判らないが、子供の方がもっとよく理解し得るような事柄があるものだと、いつも確信しているのと同じ気持が混っているのである。そして今日われわれが、かれらの外交政策に対する態度のうちに、盲点や弱点を発見したと思ったにしても、われわれは、あのビザンチン帝国の偉大な将軍、ベリザリウスについて述べたギボンの言葉、「彼の欠点は時代の悪弊の結果であり、彼の徳性は彼自身のものである」ということを、想起すべきであろう。

だが、それにもかかわらず、今までわれわれの外交政策の遂行に際して、解決を迫る問題とこれが処理との間に、非常に大きなギャップがあったことは明らかである。かかるギャップは今なお存在していること、そして五〇年以前にはそれは大して危険でなかったかもしれぬが、今日ではわれわれを重大な危険に陥れるものであることも明白である。一九五一年の今日、われわれとして、これに安心していられないのであり、われわれは自らの弱点に対して敢然と立ち向かう以外に途はないのである。

諸君はこれまでの講演を通じ、私が何を弱点と考えているかよく理解されたと思う。私はこれを非常に詳細に繰り返す必要を認めない。その弱点は、概念とその用具——目的と手段双方に関係があるのである。

政府組織の問題についていうならば、われわれの困難の相当多くは、行政府がわが国世論の短期的動向に縛られやすい度合に起因しているようだし、また、外交政策問題に対する世論の反応の主観的で変りやすいといってよい性格に淵源しているということを、われわれはすでに述べたのである。私は、長期的にみれば、世論の外交政策問題に対する反応が、変りやすいとももまた信頼できないとも考えていないことを強調したい。しかし記録の示す通り、短期的にはわれわれの世論ないしはワシントンの政府筋の頭の中にあるようないわゆる世論というものは、容易に感情主義と主観主義の弊に堕し得るのであり、それゆえに、これを国家的行動の指針とするには、あまりに貧弱かつ不充分なものなのである。

では、一体どうしたらいいのか。

四分の一世紀もの間外交問題に専門的に従事したものとして、私は次のことを確信していると言わざるを得ない。すなわち、外交政策の遂行にあたって、従来よりももっと専門家の知識、経験を活用することが可能であること、われわれは、欲するならば、この分野に現に存在し、また存在したいかなるものよりも、はるかに優れた専門的官吏の一団をつくり上げることができること、これらの人びとを敬意をもって遇しかつかれらの洞察と経験とを引き出すことによって、われわれは少なからざる助けを得られることなどである。とはいえ、私は、こういうことが、わが国一般、とくに議会および言論界に存在する強力な偏見と誤解とにぶつかることを覚悟しているし、それゆえにこそ、われわれはおそらく「ディレッタンティズムによる外交」ともいうべきものにほとんどもっぱら依存しつづけざるを得ないであろうことも覚悟している。

こういうわけで、われわれは、わが政府内における政策決定と政策の具体化のための組織をどうするかという問題を、明らかに緊急に解決を要すべきものとして今なお抱えているわけである。既往の組織についてどういうことがいわれたにしても、それは決して、機密保持、計画性、長期的考察などの点で優れていたとはいい難い。ここでわれわれが出合う困難は、現在諸君にあまりにも明瞭であるから、私はこれを指摘することはしない。これらを是正しようとする問題は、極度に複雑なものであり、政府内の組織ならびに手続上多面的なものを含んでいる。これらの困難の解決は、われわれの現在の憲法上の枠内で可能であり、それは単に政府内の適切な人的指導力の問題であると考えるものがいる。他面、この問題は憲法改正によらなければ、解決し難いと考えるものがある。それは、イギリスや議会政治が行われている他の国々の多くに存在するような議会制度――その制度の下では、政府は議会の信任を失う場合総辞職をしなくてはならないし、また重要な問題および重大な時期に際して国民の総意を問うとともに、国民の決定に応じて政府の責任を調整しうるような機会が与えられている――をわれわれに与えるような改革をいうのである。

これこそわが国が必要としているものなのかどうかについて、私が前には疑問をもっていたにしても、ごく最近のできごとによって、これこそが必要なものなのだという思いは私の心の中でいよいよ固まってきたといわねばならない。政府の政策の妥当性に対し、また外交問題につき国民大衆を代弁するという政府の主張が厳しい挑戦を受けているときに、われわれが最近行なったよりももっと優れたやり方で立ち向かうことができないかぎり、どうしてわれわれは大国としての自らの責任を達成することができるのであろうか。

ここでもまた、私が指摘したような方向に変わるチャンスはあまりにもわずかなので、われわれは、われわれの当面の問題に特別の関連性をもたないであろうとして、この可能性を排除しなければならないのではないかと思う。

そうすると、実質的には観念的な問題しかわれわれに残されていないこととなる。学者の意見がもっとも役に立つのは、この分野においてであり、過去の検討が最も教示的な結果を生むのは、かかる分野のためであると思われる。

諸君が疑いもなく推測されたように、私のみるところでは、われわれが過去において政策樹立にあたって犯した最も重大な過誤は、いわゆる国際問題に対する法律家的《リーガリスティック》・道徳家的《モラリスティック》アプローチと呼ばれるもののうちに求められる。このアプローチは、過去五〇年間のわれわれの外交政策を通じて、赤い束糸のように織り込まれている。それは、仲裁裁判条約に対するかつての執心、ハーグの諸会議や一般的軍備縮小のための諸計画、国際法の役割に関するアメリカの野心的な考え方、国際連盟とか国際連合、ケロッグ不戦条約、国際連合憲章第五一条に基づく普遍的協定の理念、世界法とか世界政府に対する信仰といったものを中に含んでいる。しかしながら、これらのどれも法律家的・道徳家的アプローチを完全に表現していないのである。私はこのアプローチを次のように説明したい。それは、ある体系的な法律的規則および制約を受諾することによって、国際社会における各国政府の無秩序でかつ危険な野心を抑制することが可能となるという信念である。これはアングロ・サクソン流の個人主義的法律観念を国際社会に置き換え、それが国内において個人に適用される通りに、政府間にも通用させようとする努力の一端を疑いもなく示している。また、それは一つにはわれわれ自身の連邦制の起源に関する追憶にも淵源しているに違いない。——つまり、われわれは、一つの共通な法律的・司法的体制を受諾することによって、当初の一三の植民地相互の利益と野望の衝突を、無害の程度にまで制御することができ、その上かれらを全部、秩序ある平和的相互関係のうちに包容することができたという記憶をもっているのである。こういう記憶をもっているので、人びとは、ある特定の情況の下で一三の植民地にとって可能であったことが、さらに広い国際的分野において可能でないはずはないと考えるわけなのである。

国家的利益の厄介な衝突を取り上げ、国際社会の安定をできるだけ損なわないような解決を求めるためにそれらをそれぞれの理非曲直に基づいて処理して行くかわりに、それによって国家の合法的行動が確定されるような司法的性質をもったある種の形式的基準を求める方が、賢明ではないだろうかというのが、この信念の中心をなすものなのである。だから、そこには、諸政府の行動をこれらの基準に照らして、どれが合法的であるか否かを決定する権能をもつ司法機関の存在が想定されている。もちろんこのような考え方の背後には、この世界で他の国民がとかく抗争するようなものは、大部分感心したものでもなくまた重要なものでもない。それらが、国際的暴力によって煩わされない秩序ある世界に対する要望によって優先されるのは当然のことであるというアメリカ的仮定があるのである。アメリカ人にとって、他の国民が、積極的な抱負をもったり、国際生活の安寧と秩序よりももっと重要でしかも正統性があると看做されるような何ものかをもっているとは、どうしても考えられないのである。この観点からして、ちょうどわれわれが運動競技において、競技があまりに粗暴になったりまた意図しなかったような重大性を帯びないように、ある規則《ルール》をきめるように、なぜ他の国民が国際政治における競技規則を、われわれとともに受諾しようとしないのか、了解できないのである。

もしかれらがこの通りにすれば、国家的自我の厄介な勝手な表現を抑制《コンテイン》することができるし、われわれアメリカの慣行上理解しやすくかつ親しみのある方法によって、これを容易に処理し、無害のものにしてしまうことができると、こう考えるわけである。このような背景に立って、アメリカの政治的志向は――それは多分にわが国における法律的職業に淵源しているのだが――このような機能を遂行し得るようなある制度的制約を絶えず執拗に模索するのである。

私はこの短い講演において、この課題の徹底的考究を試みたり、あるいはそれに含まれていると思われる不健全な要素をすべて指摘しようと企てたりすることはできない。だが、その比較的顕著な弱点のいくつかを指摘することは必要なことと思われる。

第一に、他国に対する侵略および暴行の可能性を制限するために、多数国家を国際司法機関に従属せしめる考え方は、これらの国がすべてわれわれ自身の国のように、自分の国境および国際的地位に関して満足しており、国際的合意による外その変更を強要することを欲していないような国であることを意味している。実際にはこれは国際社会のほんの一部の国についてのみいえることである。われわれは世界の他の場所での国民的窮状や国民的不満の重大性をややもすると軽視しがちであり、これらは他の国民にとり国際社会の司法的秩序維持ほどの重要性をもっていないものであると考えやすい。

第二に、この考え方はしばしば国家主義への反抗と結びついているのであるが、不思議なことに、それは実際において、国籍とか国家主権という概念に、いまだもったことのないような絶対価値を与えやすいのである。国家間の物的または政治的相異を無視する「一国には一票を」という原則は、国家主権概念を讃美するものであり、それを国際社会へ加入するための唯一の形式たらしめる。それは、完全に平等な地位に立つ主権的国民国家だけから形成される世界を想定しているのである。こうすることによって、この原則は、世界が諸国家に分割されている根拠の正しさと強さとは、それぞれの場合によってははなはだしい差異があること、すなわち、国家の境界や国家の人格の起源は、多くの場合偶然的のものであるか、あるいは少くとも現実を不完全にしか現していないという事実を無視している。この原則はまた変化の法則をも無視している。国民国家の定型は固定した不動のものでないし、そうすべきでもなく、またそうすることもできない。本来それは絶えず変化と流動の状態にある不安定な現象なのである。歴史は、各国民のその世界的環境に寄与しようとする意思と能力が、絶えず変化していることを示している。これとともに組織的形態(国境とか政府というものはそれ以外の何ものであろうか)が変化しなければならぬということは当然のことである。国際社会組織の機能は、法律的拘束を加えることによってこの変革過程を阻止することでなく、むしろこれを容易ならしめることでなくてはならない。すなわち、その推移を容易ならしめ、ともすれば起りがちな悪感情を和らげ、衝突の拡大を防ぎまたこれを緩和し、そしてこれらの闘争が国際生活一般をあまり攪乱するような形をとらないようにすることなどである。しかしながら、これは、最も古い意味での外交の任務なのである。ところが外交にとって、法律は、予言も予想もし得ないような事態に対処するためには、あまりにも抽象的であり、融通性を欠いており、あまりにもかたすぎるのである。

それればかりでなく、世界法に関するアメリカの観念は、国際的不法行為が用いるもろもろの手段——他国民に対し力の強制を及ぼすための諸手段——を無視している。このような手段は、制度的形式を全く迂回するかまたはこれを逆用する場合さえある。それは、イデオロギーによる攻撃、威嚇、浸透、主権国家の政府機関の偽装的乗っ取りなどを含んでいる。換言すれば、アメリカの観念は、主権や独立の外面的属性を正面から侵犯したり挑戦したりせずに、国家を傀儡《かいらい》化することができるような陰謀や戦術を無視している。

東ヨーロッパ衛星諸国の国民が国際連合に対して一種の敵意を抱くようになったのも、一つにはこれに起因している。というのは、国際連合は、かれらを巨大な隣国による支配から救うことに全く失敗したからである。その支配は「侵略」と呼び得ないような手段によって達成された事実があったにしても、それが忌々しいことであることには変りない。そして、事実かれらがこのような感情を抱くのももっともなところがある。なぜなら、国際問題に対する法律家的アプローチは、一般的に政治問題の国際的重要性と国際的不安定の深刻な原因を無視しているからである。それは、内戦は国内的のものに止まり、国際戦争にまで発展しないものだと仮定している。それは、どの国民も自己の国内政治問題を、国際的環境を刺戟しないようなやり方で解決する能力をもっていると仮定している。それは、どの国民も常に自己を代弁して国際的分野において投票をなし得るような資格をもった政府をつくる能力をもっていること、および、そうした政府は国際社会の他の成員によってその資格を認められるようなものであることを仮定している。つまり、国内問題が国際問題となるようなことはないこと、国際社会は各々の国家の領域内において権力を主張する競争者のうちいずれを選択するかというような立場に置かれるようなことはないだろうことなどを仮定しているのである。

最後に、国際問題に対するこの法律家的アプローチは、不法行為および違反行為に対する制裁の可能性に関する仮定において、誤りを犯していることである。一般的にそれは、国家の悪行に対する制裁が集団的措置によって与えられることを期待している。このような期待をもつ場合、軍事的共同措置の効果には制限があることを忘れている。いかなる政治的軍事的行動においても、軍事的協力国の範囲が拡げられるにつれ、理論的には利用し得べき軍事力の総和が増加するはずであるが、それは協力国間の緊密性と統制との犠牲においてである。だから協力関係の範囲が拡げられれば、それだけ政治的統一と行動の目的および効果についての全般的な意見の一致を保持することが難しくなる。現に朝鮮の例からも分かるように、侵略者に対する軍事的共同措置は、参加国それぞれにとり違った意味をもっているし、問題の行動となんら関係がなくとも、国際生活の他の多くの面に影響を及ぼすような特別な政治問題を、参加国それぞれに提起するのである。軍事的協力国の範囲が拡げられるにつれ、それらの行動に対する政治的統制の問題が面倒になり、意見一致のための最大公約数がさらに制限されることとなる。このような収穫逓減の法則が多数国間の軍事行動の可能性に容赦なく作用するものであるから、弱小国の参加が、実際に国際生活の安定を確保する強国の能力に大きな助けとなるかどうか疑問とされるのである。そして、このことは非常に重要なことである。というのは、世界法の体制の下においてさえも、破壊的な国際行動に対する制裁は、過去においてそうであったように、強国間の同盟や協力関係に根本的に依存せざるを得ないということを、改めて認識させるからである。国際社会の他の成員全部がかかっても、それが強硬に反対している方向に従うことを強制し切れないような国があるだろうし、おそらくそれは一国に止まらないだろう。もしそうだとすると、一体どういうことになるか、それは、われわれが過去五〇年間それから逃れようと努めていた忘れられた外交術の領域に、再び立ち戻っていくことでないかと思われる。

国際問題に対する法律家的アプローチに内在していると思われる理論的欠陥のいくつかは、以上述べた通りである。だが、まだもっと大きな欠陥がある。これについて私は私の話を終える前に申し述べたいと思う。それは、法律家的観念と道徳家的観念との不可避的な結びつきである。つまり、国家間の問題の中に善悪の観念をもち込むこと、国家の行動は道徳的判断の対象となるに適していると仮定することである。法律を守れと主張する人は誰でも、もちろん法律の違反者に対して憤りを感じるに違いないし、また彼に対して道徳的優越感をもつに違いない。そのような憤激をもって軍事闘争が行われるとき、無法者を徹底的に屈服——つまり無条件降伏——させないかぎり、その止まるところを知らないのである。世界問題に対する法律家的アプローチは、明らかに戦争と暴力をなくそうとの熱望に根ざしているのだが、国家的利益の擁護という古くからの動機よりも、かえって暴力を長引かせ、激化させ、政治的安定に破壊的効果をもたらすのは、奇妙なことだが、本当のことである。高遠な道徳的原則の名において戦われる戦争は、なんらかの形で全面的支配を確立するまでは、早期の解決を望み得ないものである。

こうしてわれわれは、国際問題に対する法律家的アプローチが、全面戦争や全面勝利という観念と密接に結びついており、そのいずれかの立場をとれば、他の立場をとることはいともやさしいことを知ったのである。そして全面戦争という観念は、今日の難しい時代にあってわれわれとしてもう少し考究してもよいものである。いずれにせよ、それは西欧文明において比較的新しい観念であり、事実第一次世界大戦までは見られなかったものである。それは二度の世界大戦を特徴づけたものであり、両大戦とも——すでに私が指摘したように——非常な不安定とはなはだしい幻滅とをもたらしたのであった。しかしながら、問題となるのは、単にこの観念が望ましいかどうかということだけでなく、それが実行可能かどうかということである。実際をいえば、私は、過去においてさえ全面勝利は勝利者の立場からみて、一つの幻想ではなかったかと思う。ある意味では、人の心を征服しないかぎり、全面勝利というものは相手国民を全部殺戮する以外にないわけである。ところが、軍事的な全面勝利が人の心に対する勝利であることは稀れにしかない。そこでわれわれは、新たな世界戦争において軍事的な全面勝利が可能であるということは非常に疑問であるとの事実に直面するのである。私個人としてはそのような可能性があるとは信じない。交戦国いずれか一方の軍事力が非常に弱体化することはあるにしても、一方の側の国民的意志の全般的一律的屈服というようなものがあり得るということは、問題にならないと思う。しかしながら、かかる実現不可能な目標を達成しようとする試みは、第一次および第二次世界大戦がひき起したと同様の重大な危害を、文明に加えることとなるだろう。そして私は、文明がその際に負うことになる傷に耐えて生き長らえられるかどうかの問いに対する答えは、諸君にお任せしようと思う。

つい先頃のことであるが、ある有名なアメリカ人は、「戦争の目的は勝利に外ならない」、「戦争において勝利の代替物などあり得ない」と断言した。ここにおける混乱は「勝利《ヴィクトリー》」という言葉をどういう意味に使っているかにある。おそらく、この言葉は間違って使われたというのが本当であろう。多分戦闘《バトル》には「勝利」というようなものもあり得るだろうが、他方戦争では諸君の目的を達成するかしないかのいずれかしかあり得ない。昔は戦争目的は一般に限定されまた現実的であった。そして軍事行動の成否は、それがどれだけ戦争目的の実現に寄与したかの度合によって、量られるのが普通であった。だが、その目的が道徳的なものであり、思想的なものであったりまた一国民全体の態度や伝統ないしはある体制の性格を変更するようなものである場合には、それこそ勝利はおそらく軍事的手段をもっては全く達成し得ず、また短期間には到底実現し得ないものなのである。そして、こういうことが、われわれを混乱させた源泉なのであろう。

いずれにせよ、私は率直に述べるのだが、全面勝利という観念ほど、危険な妄想はないのであり、過去においてこれほど大きな害を及ぼしたものはなく、将来においてもこれほどさらに大きな害毒を及ぼす惧れのあるものはないと思うのである。これは主として、私がすでに論じてきたような国際問題に対するアプローチにおける基本的欠陥に起因していると思われる。この欠陥から逃れるために、われわれは必ずしも、われわれの国際法に対する尊敬の念を棄てる必要もないし、また私が前の講演の中で指摘したように、それが国際社会の教化者として将来役に立つであろうとのわれわれの希望を放棄しなければならないということはない。さらに、われわれは、「宥和《アピーズメント》」という言葉——最近やたらに濫用されることによって安っぽくなってしまった言葉を使うならば——によって適切に表現されるようなことを行わねばならないということはないのである。しかしながら、われわれが今までの欠陥を是正しようとするならば、今日不愉快ないらだたしい感情を与えている国外の多くの事柄に対する新たな態度が、われわれの間に生れ出てこなくてはならない。その態度は——あたかも人間の身体に生じる快適でも幸運でもない物理的現象に対する医者のそれのごとく——冷静、慎重であり、診断を保留する用意をもっているような態度をいうのである。それは、われわれが本当によく知り理解し得るものは、われわれ自身の国家的利益だけであることを認める謙譲さを、われわれがもっていることを意味している。——さらに、もしわれわれの国内における目的と企てが穏当なものであり、他国民に対し尊大なあるいは敵意ある態度や優越的妄想によって汚されていないものだとしたならば、われわれの国民的利益の追求は必ずやよりよき世界の実現に導いて行くであろうことを承認する勇気をもまた意味しているのである。このような考え方は、われわれが今まで頻繁に抱いたようなものに比べれば、野心的でもないし、当面の見透しはあまり魅力的なものでもないし、その上われわれの自己イメージに照らしてもあまり喜ばしくないものである。

多くの人びとはそれに怯懦《きょうだ》と反動の臭いを感じとることであろう。だが、私はこのような懐疑に与することはできない。その発想において現実的であり、われわれ自身および他の人びとをともにあるがままに観察しようとする努力に基礎をもつところのものは、いかなる考え方にせよ、狭量であることはあり得ないのである。

第二部

第一章　ソヴェトの行動の源泉(1)

一

われわれが、現にみているソヴェト権力に固有な政治的性格は、イデオロギーと環境とによって産みだされたものである。ここにイデオロギーというのは、ソヴェトの現在の指導者たちが自身の政治上の源がある運動から受け継いできたものであり、環境というのは、今日まで約三〇年の間、かれらがロシアで行使してきた権力の環境である。これら二つの力がソヴェトの公式行動を決定するにあたって、いかに絡み合い、いかなる相関的役割を演じたかを追究しようとすることほど、困難な心理的分析の課題は、ほとんどあるまい。それにしても、もしわれわれがこの行動を理解し、有効に対抗するべきであるならば、この課題に取り組まなければならない。

ソヴェトの指導者たちは、イデオロギーに基づく一連の考え方をもって権力を握るに至ったのであるが、この考え方を要約するのは困難である。マルクスのイデオロギーは、ロシア共産党によって具体化される際に、不断に微妙な進化の過程を経てきた。この進化の基礎となった素材は、広い範囲にわたっており、複雑なものである。しかし一九一六年における共産主義思想の顕著な特徴は、おそらくつぎのように要約できよう。一、人間生活の中心要因、いいかえれば一般民衆の生活の特徴を決定し、「社会の様相」を決定する事実は、物質的財が生産され交換される仕組である。二、資本家的生産制度は不正な制度であって、必然的に資本所有階級による労働者階級の搾取にみちびくのであり、社会の経済資源を適当に発展させることができず、あるいは人間労働の生産した物質的財を公平に分配することができない。三、資本主義は自己を破壊する種を内にふくんでおり、資本を握っている階級が経済変化に適応してゆくことができないので、やがて、必然的に革命によって政権が労働者階級へ移転しなければならなくなる。四、資本主義の最後の段階としての帝国主義は直接戦争と革命へみちびいてゆく。

この論理につづくものの要約は、レーニンの言葉によって叙述することができよう。「経済と政治の不均衡的発展は、資本主義の揺ぎなき法則である。その結果まずいくつかの資本主義国において、あるいは一資本主義国のみにおいてさえ、社会主義が勝利することができよう。その国で勝利を獲得したプロレタリアートは、国内の資本家を収奪し、社会主義生産を組織しつつ、その外にある資本主義世界と抗争し、その過程においてほかの国々の被圧迫階級を味方に引き入れてゆくことになろう。(2)」ここでプロレタリア革命なしに資本主義が死滅するという想定が、全く持たれていなかったことを指摘しておかねばならない。倒れかかっている構造を覆すためには、革命的プロレタリア運動による最後の打撃を必要としたのである。しかし遅かれ早かれ必然的にその打撃が加えられることになるものとみられていた。

このような物の考え方が、革命勃発までの五〇年間におけるロシア革命運動家たちにとって、大きな魅力となっていた。これらの革命家たちはツァーの拘束的な政治体制のなかで希望を失い、不満をいだき、自己を表明する望みをもたなかったので――否、これを試みるにはあまりにも焦躁に駆られていたので――、しかもまたかれらが社会改革の手段として選んだ流血革命に対しては広汎な大衆の支持を得ていなかったので、マルクス理論のなかに、かれらの本能的希望をきわめてうまく正当化してくれるものを発見した。マルクスの理論は、かれらの革命に対する焦躁、帝制の一切の価値に対する全面的否定、権力と復讐に対する渇望、権力追求のため近道をとる性向などに対して偽科学的な根拠を提供してくれたのである。したがって、かれらが自分たちの衝動や感情にきわめてぴったりしたマルクス＝レーニン主義者の教義を、真理であり、正しいものと、暗黙のうちに信ずるようになったのは怪しむにあたらない。かれらがまじめであったことは疑いない。このような現象は人間性とともに発したものなのである。この点をエドワード・ギボンほどうまく表現したひとはない。彼はその著『ローマ帝国衰亡史』のなかでこういっている。「熱狂から瞞着へ通ずる道は危険であり、滑りがちなものである。ソクラテスの悪魔は、賢明なひとがどうして自分を欺くか、善人がどうして他人を欺くか、良心が気の迷いと意識的欺瞞との混り合った、どっちつかずの状態へどうして眠りこんでゆくかというような点について、忘れ難い例をあたえている。」ボリシェヴィキ党の党員が権力についたのは、このような一連の考え方をもってであった。

さてマルクス自身もそうなのだが、この人々もまた革命の準備にあたっていた何年かの間、将来社会主義(3)がいかなる形をとることになるかという点よりは、かれらからみれば社会主義導入以前にまず敵対政権の打倒が必要だったので、もっぱらその注意をこの点にこそ集中してきたことを指摘しておかねばならない。したがって権力を握るやいなや実行しなければならない積極的な計画に関する構想は、概して曖昧模糊としており、幻想的であり、非実際的なものであった。かれらの見解が一致していた計画といえば、ただ産業の国有化と大私有資本の没収だけであった。農民はマルクス主義者の公式によればプロレタリアートに属していなかったが、その農民をいかに扱うかという点も、共産党の構想のなかでは、つねに曖昧なままに残されていたし、共産党が政権をとって以来一〇年間も論争と動揺の対象となっていた。

革命直後の環境は――そのころのロシアでは内戦と外国の干渉があり、当時の共産党がロシア国民のなかできわめて小さな少数派の支持しか受けていなかったという明白な事実とともに――独裁政権の樹立を必要とした。「戦時共産主義」の経験と私有制の生産と取引を排除しようという性急な企てとは、経済的に不幸な結果をもたらしたし、新革命政権に対し一層の敵意をもたらすことになった。そこで、ロシアを共産主義化しようという努力が一時緩和され、その事態が新経済政策によって代表されたのであるが、そのためにこの経済的苦難の一部が緩和され、したがってその目的に役立ちはしたが、その間「社会の資本家的部分」が政府の圧迫緩和を直ちに利用しようとしていたし、そのまま存続するのを許されるならばソヴェト政権に対するつねに有力な敵対分子となり、この国に対する影響力の有力な競争相手となったであろうということもまた明瞭であった。それ自身ささやかな私的生産者であった個々の農民についても、大体同じような事態が支配していた。

もしレーニンが生きていたならば、可能性は乏しく疑問ではあるが、これらの対立する勢力をロシア社会の究極の利益のために調和させるだけの大人物であることを示したかもしれない。それにしても、レーニンの指導的地位の継承戦に参加した人々はスターリンも彼の競争者たちも、かれらの熱望した権力の座へ対抗政治勢力の参加を許容できる人々ではなかった。かれらの不安定感はあまりに大きすぎた。かれらに特有な狂信は、アングロ・サクソンに伝統的な妥協によって緩和されず、あまりに狂暴であり、あまりに嫉妬深かったので、恒久的に権力を分ち合うなどまともに考えることができなかった。かれらは、永久に、平和に対抗勢力と共存することができるかどうかに関する懐疑主義を、自分たちの生れたロシア＝アジア世界から身につけてきたのである。かれらは自分たちが独断的に「正しい」とするものをそのまま受け入れてしまい、あらゆる対抗勢力を屈服させ、または破壊してしまうように主張したのである。ロシア社会は共産党以外に強く結集したいかなる力ももつべきではなかった。党によって支配されない、いかなる形の集団的人間活動または結社も存在すべきでなかった。ロシア社会においては党以外のいかなる勢力も、生命力または保全力をかちとることが許さるべきでなかった。党だけが組織をもつべきであり、党以外の一切のものはばらばらの大衆であるべきであった。

党の内部でもまた同じ原則が適用されたのであった。党員大衆は選挙、審議、決定そして行動というような動きを経てすすむことはできるが、これらの動きの場合、かれらの個々の意志によってその原動力が与えられるのではなく、党指導部のおそろしい息吹によって、また静かにおおいかぶさっている「世界情勢」の存在によって与えられるべきであった。

おそらくこれらの人々は主観的には専制政治をそのものとして追求したのではなかったということを、もう一度強調しておくことにしよう。かれらは、自分たちだけが社会にとって何が善であるかを知っており、自分たちの権力が確保されてもはや挑戦されるようなことがなくなったとき、その善を実現することができるものと信じていたことは疑いない——そしてそう信ずる方が容易なことであった。しかしかれら自身の統治を確立しようとするにあたって、かれらのやり方の性格に関し、神であろうとひとであろうと、それらのものによっていかなる制限も加えられるのをみとめようとしなかった。かくてそのような確立が実現するまで、かれらの配慮にゆだねられた国民の安寧と幸福とを、施策順位においてははるかに下位においたのである。

さてソヴェト政権の環境についてとくに注目すべきことは、今日までのところこの政権強化の過程が完成しておらず、クレムリンの人々は一九一七年一一月獲得した権力を確立し、これを絶対化する闘争に専心しつづけてきているということである。かれらはその権力を、主として国内における、ソヴェト社会内部における諸勢力に対して確立しようと努めてきた。しかし外部世界に対してもまた確立しようとしてきた。なぜならわれわれのすでにみたように、イデオロギーは外部世界がかれらに敵意をもっていること、究極的には国境外の政治勢力を打倒するのがかれらの任務であることを、かれらに教えたからである。このような感情をかれらがもちつづけるように、ロシアの歴史と伝統がその手を貸したのであった。かくて外界に対するかれらの侵略的非妥協性は、ついにその反動作用を起しはじめた。再びギボン流の言葉を用いるならば、かれらは間もなく自分自身がよび起した「頑迷の報いを受け」ざるをえなくなった。世界が自分の敵であるという命題について自分の正しさを証明してみせることは、たしかに誰でもがもっている特権である。なぜなら彼が何回となしにそれを繰り返し、これを自分の行動の背景とするならば、結局は世界を敵に廻してしまい、彼が正しいことになるからである。

ソヴェトの指導者に対する一切の反対は、それが何であろうと、なんらかの価値または妥当性をもつと公式にみとめることのできないのは、かれらのイデオロギーの性格によるばかりでなく、かれらの心境の性質にもよるものである。かかる反対は、理論的には、死滅しつつある資本主義の敵意あるしぶとい勢力からのみ生ずることができるのである。ロシアに資本主義の残滓が存在していると公式に認めるかぎり、独裁的社会形態を維持している必要の一部を、内部的要素としての資本主義の残滓に帰することができた。しかしこの残滓が少しずつ清算されてゆくにつれて、このような理由のつけ方も弱まってゆく。そしてこの残滓がついに清算されてしまったと公式に指摘されたとき、この理由づけもまた完全に消滅してしまった。かくてソヴェト政権を動かすもっとも基本的な衝動のひとつが、この事実のために生れることになったのである。いまやロシアにはもはや資本主義が存在しないのであり、クレムリンに対する重大なまたは広汎な反対がクレムリンの権威のもとに解放された大衆から自然に流出し得ると認められなくなったのであるから、独裁の存続を理由づけるためには、外国の資本主義がおよぼす脅威を強調することが必要になったのである。

このことはずっと初期に始まった。スターリンはすでに一九二四年、「資本主義による包囲が存するかぎり、干渉の危険が存するのであり、その危険からあらゆる結果が生じる」という理由によって、なによりもまず軍隊と秘密警察を意味する「抑圧機関」の存続を明瞭に弁護している。その理論にしたがい、またその時以来、ロシアにあったあらゆる国内反対勢力は、つねに、ソヴェト権力に対立的な外国反動勢力の代理機関である、といわれてきた。

同じ理由から、資本主義世界と社会主義世界とは根本において対立的なものであるという共産党の本来のテーゼが、非常に強調されてきたのである。いろいろの徴候からみて、このような強調がなされねばならない現実的根拠のないことは明白である。その点に関する真の事実は、ソヴェトの思想と戦術とによって挑発された純粋な憤りが外国に存在していたという事実と、また往々、大軍事力の中心が存在していたこと、とくにドイツのナチ政権と一九三〇年代の終り頃の日本政府とが事実上ソ連邦に対する侵略的意図をもって存在していたという事実と、混同されていた。しかしモスクワが国境外の世界のソヴェト社会におよぼす脅威を強調することは、外国の敵対行為が現実にあったためではなく、国内で独裁政権を存続させてゆく理由を説明するために必要であったことによるものであるという充分な証拠がある。

さてこのような型のソヴェト権力の存続は、すなわち外国が執念深い敵意をいだいているという半神話を育みながら国内で無限の権威を追求する結果は、われわれが今日みるようなソヴェト権力の現機構をつくりあげることになった。この目的に役立たない国内行政機関は蕾《つぼみ》のまま凋《しぼ》んでしまった。反対にこの目的に役立つ機関は非常に膨脹した。ソヴェト権力の安全は、党の鉄の規律に依存し、秘密警察の苛酷なやり方とそれがあまねく存在していることに依存し、国家の容赦なき経済的独占に依存するようになった。ソヴェトの指導者たちが敵対勢力に対する保全のためにつくった「抑圧機関」は、いまやほとんど、それが奉仕すべき人々の主人に転化してしまった。ソヴェト権力構造の主たる部分は、今日では、独裁制を完成してゆくためのものとなり、壁の向うに潜んでいる敵によってロシアが包囲状態にあるという考え方を持ちつづけてゆくためのものとなってしまった。そして権力構造のなかでもこの部分に参加している数百万の人々は、いかなる犠牲を払ってでも、ロシアの立場に関するこの考え方を守ってゆかねばならない。なぜならそれがなくなれば、かれら自らが余計なものとなるからである。

現在のような事態では、支配者たちは、これらの抑圧機関と別れるなど、もはや夢にも考えることができない。現代に比類のない(少なくとも範囲において)無慈悲さをもって、約三〇年間つづけられてきた絶対権力の追求は、対外関係においてそうであったように、対内関係においてもまた自らの反作用をつくりだすにいたった。厖大すぎる警察機構は、その行き過ぎが始まる以前よりも、この政権に対する潜在的な反対を、はるかに大きな、はるかに危険なものへ駆り立てて行ったのである。

しかし支配者たちは、なによりもまず、独裁権力の維持を正当化してきた虚構なしにすますことができない。なぜならこの虚構は、すでにソヴェト哲学の名において非常な行き過ぎを犯している結果、ソヴェト哲学のなかに牢固たる地位を占めているのであるからである。そしてそれはいまや単なるイデオロギーの絆よりはるかに大きな絆によって、ソヴェトの思想構造のなかに根を下ろしている。

歴史的背景についてはそれだけにしよう。それではこれが、われわれが現にみているようなソヴェト権力に固有な政治的性格からみてどうなるであろうか。

二

公式には本来のイデオロギーの中で何ひとつ棄てられたものはない。資本主義の根本的な悪、資本主義崩壊の必然性、その崩壊を衝き、権力を自分の手に握るべきプロレタリアートの義務などに関する信念は、依然保持されている。しかしソヴェト政権自体にもっとも明確に関連する考え方が、主として強調されるようになった。誤った方向にひきずられている暗黒の世界のなかで、唯ひとつの、真実の社会主義政権だというその立場と、そのような世界の内部における力関係とが強調されるようになった。

これらの考え方の最初のものは、資本主義と社会主義との間には内在的敵対関係があるという考えである。その考えがソヴェト権力の基礎のなかにいかに深くはいりこんでいるかという点については、すでにみてきた。国際社会の一員としてのロシアの行動に対して、それが深い意味をもっているのである。そのことは、モスクワにおいて、ソ連邦と資本主義国とみなされている国々とが共通の目的を持ち得るという想定を、決して心から信奉することがないことを意味している。モスクワにおいては、資本主義世界の目的がソヴェト政権に敵対的なものであり、したがってこの政権の支配する人民の利益に対立的であるということが、つねに変らず想定されねばならない。ソ連邦政府が往々それとは逆の意味をもつ文書に署名することがあるにしても、これは敵(誠実さに値しない)と取引する場合に許される術策とみなさるべきものであり、買手が危険負担をしているという気持で受けとらるべきものなのである。この敵対関係は基本的には依然のこっている。この敵対関係は公理化されている。したがってそこからわれわれがクレムリンの外交活動について悩まされる多くの現象が流れだしてくる。秘密性、率直さの欠如、表裏性、戦争の陰謀についての猜疑心、目的の基本的敵対性など。これらの現象は予想し得る限りの将来にわたって残るであろう。その程度や強調の変化はあり得ることである。ロシア人がわれわれに求めるものがある場合、かれらの政策の特徴をなしているこれらのうち、あれやこれやが一時背景におしやられることはあろう。そんなことがおこると、いつでも、「ロシア人は変った」と嬉しげに騒ぎ立てるアメリカ人が現われるだろうし、その「変化」をもたらした功を認められようとさえする人々まで現われよう。しかしわれわれは戦術上の策略にまどわされてはならない。ソヴェト政策のこの特徴は、それが生れたもとの公理と同じように、ソヴェト権力の内面的性質に基本的に結びついたものなので、ソヴェト権力の内面的性質が変化するまでは、前景にあるか後景にあるかの違いはあっても、いつまでもなくならないものである。

このことは、今後長い間われわれにとって、ロシア人が扱い難い相手となることを意味する。だからといってこのことは、かれらが一定の日までにわれわれの社会を打倒するという一か八かの計画を開始したものと考えらるべきだ、ということを意味しない。資本主義はやがて必然的に崩壊するのだという理論は、そのことについてあわてる必要がないという、幸いな意味を含んでいる。歴史の進歩を担う諸力が最後の止めをさすことができるまで成熟するには、時間がかかる。そのときまで何より大切なのは、「社会主義の祖国」――ソ連邦という、社会主義のためにすでに闘いとられた力のオアシス――が、内外のあらゆる良き共産主義者によって育成せられ、防衛されるべきであるし、それの運命が発展され、それの敵が苦しめられ、打倒さるべきである。なんらかの形でソヴェト権力を妨げるような、未成熟にして「投機的」な、外国における革命計画の推進は、許し難い、反革命的でさえもある行動である。モスクワの定義によれば、社会主義を支持するための運動は、ソヴェト権力を支持することであり、それを推進することである。

このことは、われわれを今日のソヴェトの特徴の理解にとって大切な第二の観念にみちびく。すなわちクレムリンは絶対誤謬を犯さないという観念である。ソヴェトが権力についていだいている考えは、党以外には、組織といういかなる焦点の存在をも許さないということであるが、この考え方によれば党の指導部は理論上唯一の真理の貯蔵所でなければならない。なぜなら真理が党の指導部以外のところにも見出されるものならば、その真理が組織活動となって表現されるための根拠があることになるからである。しかしそのことこそクレムリンの許すことのできないところであり、また許しもしないところである。

したがって共産党の指導はつねに正しいのであり、一九二九年スターリンが政治部の決議は満場一致をもって採択されるものであると声明してかれ自身の権力をつくりあげて以来、つねに正しかったのである。

共産党の鉄の規律は、この絶対誤らずという原則に基礎をおいている。二つの考えは事実上お互いに支持し合っている。規律が完全であるためには、絶対誤りを犯さないということをみとめる必要がある。絶対誤りを犯さないということが成立するためには、規律の遵守を必要とする。そしてこの二つが一緒になってソヴェトの全権力装置の働き方を決定してゆく。しかしその効果は、さらに第三の要因が考慮のなかに入れられるまでは理解できない。この第三の要因というのは、指導部は特定のいかなるときでも、自分の目的に役立つと思ういかなる特定のテーゼでも、戦術上の目的のために自由に提示でき、そのテーゼが運動に参加している全員によって忠実に、なんの疑いもなしに承認されるのを要求できるということである。この結果、真理は恒久的なものではなく、あらゆる意図と目的とのために、ソヴェトの指導者自身によって、現実につくりだされるものだということになる。それは毎週にも、毎月にも変化できる。それは絶対的な、不変なものではなく――客観的現実から生起するいかなるものでもない。それはただ歴史の論理を代表しているがゆえに、究極の叡知が宿っていると想像されている人々の叡知がその都度新たに表明されるにすぎない。これらの要因の効果が累積すると、ソヴェト権力の全下部機構が権力の向かう方向につねに揺ぎない頑なさと確固不動さで追従することになる。かれらが向かうべき方向は、クレムリンによって自由に変更されるのであって、それ以外のいかなる力もこれを変更することができない。その時々の政策に関する一定の争点について、党の一定の方針が定められると、外交機関をもふくめた全ソヴェト政府機関は、ねじを巻かれ、一定の方向に向けられた永続的な玩具の自動車のように、定められた通路をとおって情容赦なく進んでゆき、なにかどうしようもないような力に遭遇して初めて停止する。この機関を構成している個人は、外部からかれらに与えられる議論や理由を一切受けつけない。かれらに与えられたあらゆる訓練は、外界の滑らかな説得力を信ぜず、これを無視するように教えてきたのである。ビクター・レコードの商標の白い犬のように、かれらはただ「主人の言葉」だけに耳を傾ける。かれらが最近命ぜられた目的から引き返すとするならば、かれらを引き返させるのは主人でなければならない。したがって外国の代表は、自分の言葉がかれらになにか印象を与えるだろうなどという希望をもてない。かれらが希望できるとすれば、せいぜい、自分の言葉が党の方針を変える力をもっている最高指導者へ伝達されるということだけである。しかしこの人々でさえも、ブルジョア代表の言葉が正常な論理をもってのべられていても、そのような論理によって動かされそうもない。共通の目的に訴えることができないのであるから、共通の精神的近接法に訴えることができない。この理由のためクレムリンの耳には、言葉よりも事実の方がもっと大きな声となって聞こえるのであり、言葉が克服し得べくもない真実性をふくんだ事実を反映して発せられるか、またはそのような事実によって裏打ちされた場合に初めて、もっとも強い比重をもつことになる。

しかしわれわれがすでにみたように、クレムリンは、そのイデオロギーによって、自分の目的を急いで実現しなければならないというように強制されているわけではない。クレムリンは、教会組織と同じように、長い期間にわたって妥当するイデオロギーにもとづく考え方の上に立って行動しているのであり、辛抱して待つことができるようになっている。将来の空虚なつまらないもののために、現に手にしている革命の業績を賭けることは正しくない。レーニンの教義そのものが、共産党の目的を追求するにあたって非常に慎重に柔軟に行動しなければならないことを要求している。そしてこの教訓はロシア史の教えるところによっても強められている。すなわち広大な無防備な平原にひろがった遊牧軍との、数世紀にわたる名もない戦闘の歴史による教訓を指しているのだが。ここでは慎重、用意周到、柔軟性および欺瞞などが、優れた資質とされる。これらの価値はロシア人または東洋人の心のなかでは、当然高く評価される。かくてクレムリンは、有力な勢力にあって退却しても、そのために心が痛むということは全くない。また時間表によって強制をうけていないから、かかる退却が必要だということで恐慌を感じたりはしない。その政治行動は、与えられたゴールに向って、出ていけるところがあればどこへでも絶えず出ていくような流動的な流れである。関心の中心は、世界権力の水鉢の中でクレムリンが利用できるあらゆる隅々や裂目に確実に入りこんでゆくことにある。その途上に越え得べくもない障害物を発見する場合には、冷静にその事実をみとめ、それに適応してゆく。大事なのは、目指すゴールに向って、たえず力を増してゆく圧迫を、不断に加えてゆかねばならないということである。ソ連の心のなかには、あたえられた時までにそのゴールが到達されねばならないというような感情は全く見出されないのである。

以上の考察は、ナポレオンやヒトラーのような個々の侵略的指導者の外交に対する取り扱いよりソヴェトの外交の取り扱いを、容易にもするし、また困難にもする。ソヴェトの外交は、一方では、反対勢力に対しナポレオンやヒトラーより敏感であるし、その勢力が強すぎると考えられた場合に個々の外交戦線の面で比較的容易に譲歩するし、また力の論理と表現の仕方においてより合理的である。だが他方においてソヴェトの敵が一回だけ勝利したというようなことでは、なかなかこれを屈服させたり、その戦意を挫折させたりすることができない。ソヴェトの外交を動かしている辛抱強い首尾一貫性は、民主的世論の一時的気まぐれを表わす散発的行動によってではなく、ロシアの敵対者の側における賢明な長期的政策によって、すなわちソ連邦の政策に劣らないほど目的において不動であり、その適用において多種多様にして機略豊かな政策によってのみ有効に対抗できることを意味している。

これらの事情からみてアメリカの対ソ政策の主たる要素は、ソ連邦の膨脹傾向に対する長期の、辛抱強い、しかも確固として注意深い封じ込め《コンテインメント》でなければならないことは明瞭である。けれどもこのような政策は、外面の演技すなわち脅威とか怒号とか大袈裟な身振りで外面的「強硬さ」をみせることとか、そういったこととどもとなんの関係もないものであることを指摘しておくことが大切である。クレムリンは政治の現実に対するその反応において根本的には柔軟ではあるが、だからといって決して威信が犯されることに無関心ではない。ほかのほとんどあらゆる政府と同じように、こちらが拙劣な、脅迫的な身振りをすれば、現実主義的な感覚で譲歩すべきだと考えても、譲歩できない立場に追いこまれるであろう。ロシアの指導者たちは人間心理に対する鋭い判断力をもっている。したがってかれらは政治における力は憤激や自制心の喪失などから決して生まれでてくるものでないことを非常によく知っている。それは力の弱いことの証拠であり、かれらはそれを敏捷に利用する。これらの理由からいって、ロシアとうまく取引する必須条件は、当の外国政府が、いかなる時でも冷静に落ちついており、ロシアが自らの威信をあまりそこなわないで応諾できるような道を開いておくように、ロシアの政策に対する要求を提示すべきであるということである。

三

上述したところからみて明白にわかることは、西側世界の自由な制度に対するソヴェトの圧力は、ソヴェトの政策の変化や術策に照応して、たえず移動する一連の地理的な、あるいは政治的な争点に、巧妙に、注意深く対抗力を適用することによって、封じ込めることができるものであるが、甘言で誘惑したり、雄弁を振るったりしてやめさせることのできるものではないということである。ロシア人は無期限に闘争することを予期しており、今日までに大成功をかち得ているものと考えている。今日ソヴェト権力が世界において少数勢力しか代表していないとしても、ロシア共産党がロシア国内において今日の世界における勢力比にも遠く及ばない比率の少数派しか代表しえなかった時代があったことを、記憶すべきである。

しかしロシアの支配者たちがイデオロギーによって真理はかれらの側にあり、したがって待っていることができると確信しているにしても、そのイデオロギーはなんらわれわれを拘束しないものだから、われわれは、その前提の妥当性を客観的に吟味するだけの自由をもっている。ソヴェトのテーゼは、西側諸国は自分自身の経済的運命に対して全然統制力をもっていないということを意味するのみならず、ロシアにおいては統一や規律や無限の期間にわたる辛抱が存在することをも想定している。われわれはこの天啓的洞察を地上にひきおろし、西側世界が一〇年ないし一五年にわたってソヴェトの権力を封じ込める力と豊かな機略とをもっていると想定しよう。それがロシア自身にどういうことになるか。

ソヴェトの指導者は、専制政治の術策に対する現代の技術の寄与を利用しつつ、自分の権力圏内では服従の問題を解決してきた。ほとんど誰もかれらの権威に挑戦するものがない。挑戦するものがあるにしても、国家の抑圧機関に反抗するものとしてその挑戦の効果を挙げることが不可能なのである。

クレムリンは、まだ完成していないことは確かであるが、それにもかかわらず拡大しつづけ、ほかの大工業国の規模に接近しつつある重金属精錬業の工業的基礎を、住民の利益を無視して、ロシアに建設するという目的を実現する能力のあることを証明した。けれども国内で政治上の安全を維持し、また重工業を建設したのも、すべて人間の生命と希望とエネルギーの怖るべき犠牲によって行われたものである。そのためには、平和な条件のもとで現代において未曾有の規模で強制労働が利用されねばならなかった。そのためにはまた、ソヴェトの経済生活のほかの部面、とくに農業、消費財生産、住宅および交通を無視するか、虐待する結果となった。

これらすべてに加えて、戦争は破壊と死と人間の疲弊というおそるべき代価を支払わせたのであった。その結果われわれは、今日のロシアにおいて、肉体的にも精神的にもつかれた民衆をみるのである。人民大衆は幻滅的になっており、懐疑的であり、そしてまたソヴェト権力が外国の追随者たちに対し今日でもなお放射しているあの魔術的魅力についてはは以前ほどひかれやすくなっている。戦争中、人民は戦術的理由から教会に与えられた少しばかりの自由に貪るようにとびついたのであったが、そのことはかれらの信仰と献身の能力がほとんどその政権の目的の中にはけ口を見出せないでいた事実を雄弁に物語るものであった。

こうした事情のもとでは人民自身の精神的・肉体的な力に限界がある。この限界は絶対的なものであって、もっとも残酷な独裁制もそれに拘束される。なぜなら、その限界を超えて民衆を駆り立てることができないからである。強制労働のキャンプやその他の強制機関は、民衆自身の意欲や単なる経済的圧迫によって駆り立てられて働くより、もっと長い時間労働を強制するための一時的な手段となる。しかしもし民衆がともかくそれに耐えたにしても、かれらは早く老いて衰弱してしまい、独裁制のもとめるところにとっては廃人と考えられねばならなくなる。いずれの場合にせよ、かれらの最善の力はもはや社会にとって利用できないものとなり、もはや国家のために働くように徴募できなくなってしまうのである。

この場合助けとなるのはより若い世代だけである。ところで若い世代は、あらゆる変遷や苦難を経てきたにもかかわらず、なお数が多いし、精力的である。またロシア人は才能ある国民である。しかしソヴェト独裁政治によって創り出され、戦争によってはなはだしく強められた幼年期における異常な感情的緊張が、成年期における行動に、どのような影響を及ぼすであろうか、いまのところまだわからない。普通安定した静穏な家庭的環境というような事柄は、非常に遠隔な農場や村落を除けば、事実ソ連邦には存在しなくなっている。そしてこのことが現に成年期になりつつある世代の全般的能力に対してその痕跡を残さないものかどうか観察者たちはまだ確信できないでいる。

これに加えて、われわれは、ソヴェトの経済発展において一部のすばらしい業績を数えることはできるが、それもなお覚束なく思われるほどまだらであり、不均衡であるという事実を知っている。「資本主義の不均衡発展」について言うロシア共産主義者は、かれら自身の国民経済を熟考すれば赤面しなければなるまい。たとえば金属精錬業や機械工業のような特定の部門は経済生活の他の部門に比して不釣合なほど先に進んでいる。まだ全くその名に値するほどの国道網をもっておらず、もっているのはただ比較的原始的な鉄道網にすぎないのに、短期間で世界の一大工業国となろうと苦悩しているのである。労働の能率を高め、無知蒙昧な農民に機械操作のことを教えるについて多大の努力が払われた。しかし持続的整備はソヴェト経済の全体を通じての重大な欠陥をなすものである。建設が急がれてはいるが、その質は貧弱だ。劣化は巨大な額になるに相違ない。その上経済生活の広大な部門においては、あの生産の一般文化や西側の熟練労働者の特徴となっている技術的自尊心のごときものが、まだ労働者の中にしみこむことができないでいる。

これらの欠点が、概して恐怖と強制につきまとわれて労働している、疲れ、意気銷沈した民衆によって、どうして早期に是正されることができるかを察知するのは困難である。そしてこれらの点が克服されないかぎり、ロシアは経済的にひ弱い、またある意味においては無気力な国、すなわち狂信的熱情を輸出し、原始的な政治的生命力に関する異常な魅力を放射することはできるが、これらの輸出品を物質的力と繁栄との真の証拠によって裏打ちすることのできない国となることになるだろう。

他方ソ連邦の政治生活には大きな不安がかぶさっている。すなわち一人の個人または個人の集団から、ほかの個人または個人の集団への権力の移転に関わる不安である。

これはもちろんとくにスターリンの個人的地位に関わる問題である。われわれが記憶しなければならないのは、共産主義運動の頂点に立っていたレーニンの地位を彼が継承したのが、ソ連邦が今までに経験した唯一のかかる個人的権威の移転なのだということである。この権威の移転が固まるのに一二年の歳月を要した。それはまた数百万の民衆の生命を奪い、国家を根底から揺さぶり、それにともなう震動は国際革命運動に伝わって、クレムリン自体に不利な結果をもたらしたのであった。

今後この最高峰の権威が移転されるとき、それが静かに、目立たないままに、またどこにも反響をおよぼさないままに行われるだろうということは、つねにあり得ることである。だがまたこれにともなうもろもろの問題が、レーニンの言葉の二、三をかりるならば、ロシア史の特徴をなしている「微妙な詐術」から「狂暴な暴動」へと「信じられぬほどの急速な転化」をもたらすようなことになるかもしれないし、またソヴェト権力を根底からゆさぶるようなこともあり得るのである。

しかしこれはスターリン自身だけに関する問題ではない。一九三八年以来ソヴェト権力の上層部には、政治生活の危険な硬直化がある。理論上では、党の最高機関である全連邦党大会は、三年に一度開かれるものと考えられている。この大会が最後に開かれてからまる八年になる。この間党員数は二倍になった。戦争中の党員の死亡率は非常なものであった。したがって今日では、党員の半分以上が最後の党大会が開かれてのちに入党した人々である。しかるに他方ははなはだしく多事多難だったこれらの歳月を通してなお、以前と同じ小グループの人々が最高の座にすわりつづけている。戦争の経験が西側の主要国の政府すべてに基本的な政治的変化をもたらしたのには、そのための若干の理由があることは確かである。このような現象の原因は、不明瞭なソヴェト政治生活のどこかにもまた存在していなければならないほど基本的なものであることも確かである。しかしロシアではこの原因は何ひとつ認知されてはいないのである。

このことから推測できることは、共産党のように高度の規律をもった組織のなかにも、最近ようやく党に入った非常に多くの党員大衆と、これら党員の大部分が会ったこともなければ話したこともなく、したがっていかなる政治的親密感ももたない、最高の地位に自動的にいつまでも座りつづける、少数のグループの人々との間に、年齢において、物の見方において、利害において、次第に開きが増してゆくにちがいないということである。

こうした事情にあってゆくゆく上層部の権威が若返るに際し(それはただ時の問題にす

ぎない)、それが滑らかに、平和に行われるかどうか、上級の権力を追求する競争者たちがそれぞれの主張の支持者を得るために、政治的に未熟な、未経験な大衆のところまで降りてこないかどうか、誰が確言できよう。そのようなことが起るならば、共産党にとっては奇妙な結果がでてくることになろう。なぜなら党員としての機能は概して鉄の規律と服従というやり方でしか果されてこなかったからであり、妥協と適応という技術をもってしてではなかったからである。かくてもし党が統一を失い、それによって麻痺させられるならば、ロシア社会の混乱と弱体化は名状しがたい形をとることになろう。なぜならわれわれがすでにみたように、ソヴェト権力は、独立の組織をもつことを全く許されていない人間からなる無定形の大衆をおおうている外皮にすぎないのであるから。ロシアでは地方政府のようなものさえ存在していない。現在ロシアの世代は、自発的な集団活動というものを全く知らないでいる。したがって政治的道具としての党が統一と有効性を破壊されたならば、ソヴェト・ロシアはもっとも強力な国民社会のひとつから、一夜にしてもっとも弱い、もっとも憐れむべき国民社会のひとつへ転落することになろう。

それゆえ、ソヴェト権力の将来は、クレムリンの人々がロシア人の自己妄想力によって考えているほどには、決して安定しているものでないかもしれない。かれらは権力を保持しつづけることができることは証明したが、かれらがその権力を静かに、容易に他のものへ移転できるかどうかは、まだ証明されないでいる。他方かれらの苛酷な統治と変転きわまりない国際生活とは、かれらの権力がよって立っているその偉大な国民の力と希望に対して重大な打撃を与えてきた。指摘すべき興味ある事実は、ソヴェト当局のイデオロギーにもとづく力が、警察力の到達しない国外にあって今日もっとも強力になっているということである。この現象は、トーマス・マンがその小説『ブッデンブローク家の人びと』の中でつかっている比喩を想い浮ばせる。人間の制度が、その内部崩壊が現実にぎりぎりまで進んだとき、しばしばもっともすばらしい外面的輝きをみせることのあるのを観察して、彼は、もっとも魅惑的な時代のブッデンブローク家を、現実にはずっと前に消滅してしまっているのに、この世ではもっとも明るく輝いてみえる星のひとつにたとえたのである。かくて西の世界の不満な民衆に対してクレムリンが投げかけている強い光は、現実には衰滅しつつある星座の強い残光ではないと、確信をもって言える者があるだろうか。それは証明し得ないし、また反証もできない。しかしソヴェトの権力は、かれらが考えている資本主義世界と同じように、その内部に自分を亡ぼす種をふくんでおり、この種の発芽がかなり進行しているという可能性(私の考えでは強い可能性)が存在するのである。

四

近い将来ソヴェト政権と政治的に親交をむすび得ようなど、アメリカが期待できないのは明らかである。アメリカはソ連邦を世界政治における協力者ではなく、対抗者だと考えていかねばならない。アメリカは、ソヴェトの政策が平和と安定に対する絶対的愛を全然反映するものではなく、社会主義世界と資本主義世界とが長期的に幸福に共存し得るという可能性を真実には全く信じていないことを反映し、むしろ対抗者のあらゆる影響力と権力とを破壊し、弱めるように、慎重に、執拗に圧迫を加えることを反映するものであることを考慮に入れていかねばならない。

この事実とともに考慮されるべきことは、ロシアが西側世界全体と対比すれば、まだ遥かに弱い相手であること、ソヴェトの政策がきわめて柔軟性をもっていること、ソヴェトの社会がやがて自分の潜在力全体を弱めてしまうような欠陥をその内にふくんでいるように見えることである。これらのことは、それだけで、もしロシアが平和な安定した世界の利益を侵食する徴候を示すならばどこであろうと、アメリカが、断乎たる対抗力をもってロシアに対処するために計画された確固とした封じ込め政策を、十分な自信をもって始めることの妥当性を示すものである。

しかし実際には、アメリカの政策の可能性は、ただ防御的態勢をとり、最善の結果を希望するだけに限られているわけでは決してない。アメリカにとっては、ロシアの政策を決定するような、ロシアと国際共産主義運動全体との双方における内部的発展——これはロシアの政策を多分に決定する——に対して、アメリカの行動によって影響を与えることもまた疑いもなく可能なことである。このことは、アメリカ政府がソ連邦内部やそのほかの場所である程度行うことのできる広報活動だけに限られる問題ではない。それもまた重要ではあるが、それよりもむしろアメリカが、自分が何を欲しているかを知っており、国内生活の問題にも世界的強国としての責任にも適切に対処しており、その時代の主要なイデオロギーの流れの中に立って自国のイデオロギーを保ってゆけるだけの精神的生命力をもっているという印象を、世界諸国民の間に、どの程度に広く与え得るかという問題である。そのような印象が与えられ、その印象を保ってゆける限り、ロシア共産主義の目的はつまらないドンキホーテ式のものにみえ、モスクワを支持する人々の希望や熱狂性がうすらぎ、クレムリン外交の緊張度が強められるにちがいない。なぜなら共産主義哲学の基石をなしているものは、資本主義世界が老衰して動脈硬化を来たしているということなのであるから。終戦以来「赤の広場」の烏たちがきわめて満足気な確信をもって予言してきた早期経済不況にアメリカが陥らないことでさえ、共産主義世界の隅々まで深い、重大な反響をもたらすことであろう。

同じ理由からアメリカが優柔不断や不統一や内部崩壊を露呈するならば、全共産主義運動を元気づける効果を与えることになる。これらの傾向の証拠があがるごとに、希望と興奮の感動が共産主義世界のすみずみまでつたわってゆく。モスクワの通りには新たに意気揚々たる気分が眼につくようになる。新しい外国の支持者群が、国際政治の時流ともっぱら考えるものにのりおくれまいとつとめ、これにのってゆく。ロシアの圧迫は、国際問題の全線にわたって強められてゆくこととなるわけである。

アメリカの行動が他の要素の助けなしにそれだけで共産主義運動の生死を決定するような力をおよぼすことができ、ロシアのソヴェト権力を早期に崩壊に追いこむことができるというのは誇張した言い方であろう。しかしアメリカは、ソヴェトの政策の推進にともなう緊張をいちじるしく増加し、クレムリンに最近数年間よりははるかに穏健で慎重な態度をとらなければならないように圧力をかけ、ゆくゆくはソヴェト権力の崩壊かまたは漸次的な温和化かに出口を求めねばならなくなるような傾向を促進する力をもっている。なぜなら、いかなる神秘的な、救世主的な運動も——とくにクレムリンの場合のそれは——このような事態の論理になんらかの形でやがて適応することなしに、いつまでも挫折を経験し続けることはできないのであるから。

こうして決定はほとんどもっぱらアメリカ自身のものとなる。米ソ関係の問題は、本質的には、国際社会の中の一つの国としてアメリカがもっている価値全体が試されることとなのである。アメリカは破滅を避けるためには、自分の最良の伝統を発揮し、偉大な国として存続するに値することを示すことだけが必要なのである。

国民の資質が試されるのに、いまだかつてこれ以上公正な方法はなかったことは確かである。このように考えるならば、米ソ関係に対する思慮深い観察者は、クレムリンからのアメリカ社会に対する挑戦を不平に思う理由をもたないであろう。むしろ彼は、アメリカ国民にこのように容赦のない挑戦を与えることにより、一国民としてのアメリカの全体的な安寧を、アメリカ人が結束して奮起するかどうかに依存せしめ、歴史が明らかにかれらに担わせようとした道義的政治的な指導の責任をかれらが引き受けるかどうかに依存せしめた神の摂理に対し、ある種の感謝さえもささげることであろう。

(1) この論文は、*Foreign Affairs*, Vol. XXV, no. 4 (July 1947), pp. 556-582 から、同誌の編集者の許可を得て再録した。論文の版権は一九四七年 Council on Foreign Relations Inc. によって取得されている。

(2) *Concerning the Slogans of the United States of Europe, August 1915*.(レーニン全集ソヴェト国定版)

(3) この論文のあちこちに用いられている「社会主義」は、マルクス主義的またはレーニン主義的共産主義と結びついている言葉であって、第二インターナショナル流の自由主義的社会主義と関連をもたない。

第二章　アメリカとロシアの将来(1)

一

アメリカ人は、現在クレムリンで権力を握っている人々の物の見方や行動の仕方を、非常に激しく否定するのであるが、この激しさそのものが、これらに代るべき何ものかを——つまりわれわれが現に知っているロシアのものとは異なる物の見方や行動の仕方をすることを——信じ、また希望していることを、もっとも強烈に示唆するものである。しかしわれわれは、その物の見方や行動の仕方がどのようなものであり得るか、またアメリカ人がいかなる方法をもってそのような方向に進むように促進できるかについて、心のなかに何かはっきりとしたイメージをもっているのかと問うことは許されるであろう。現在、とくに同じ地球の上に二つの制度が共存しているために、いたるところできわめて大きな緊張と心配とを生じており、またそのような共存がうまく継続するかどうかに対していちじるしい絶望感を生じているために、多くの人々は、いまとは異なった、いまよりもっと許すことのできるロシアを心のなかで描いてみるということよりは、将来の戦争の勝敗という問題に心を奪われるか、または両者を同一視さえする傾向がある。一部のアメリカ人は、すでに、ただ将来の戦争のみを予想しており、軍事的決着に何か最終的なそして積極的な意味がある——それが一つの端緒であるよりむしろ、あるものの終焉しかも幸福な終焉である——と想定するアメリカ人の悪習へ立ち帰りつつあるのである。

戦争にともなう流血と犠牲を考慮するのを別にしても、これほど大きな誤りはほかにないであろう。対ソ戦は、軍事的には比較的成功すると言うことができる(そしてわれわれはかかる戦争においては比較的成功するという以上の成功を収めることができないことを記憶しておいた方が良い)にしても、われわれが希望するような型のロシアの実現を促進する保証は、このような戦争自体にはほとんどまたは全く存在しないであろう。せいぜいそれは、すでに存在している問題であって、ソヴェトの行動に反対するあらゆるアメリカ人が、戦争があろうとなかろうと、ともかく心に銘じておかねばならない問題のいろいろな面をもっと緊急なものとするにすぎないであろう。その問題というのは、われわれがみたいと思うようなロシア、われわれがいわばそれとともに容易に生活してゆけるようなロシア、いまよりはるかに安定した世界秩序の存在を許すようなロシア、われわれが熱望する上において現実的であり適切でもあるようなロシアに関する問題である。いまとは異なった、いまより好ましいロシアが出現しうるかどうかに関するこの問題は、実は、戦争とか平和とかいう問題ではない。戦争は、ただそれだけで、このようなロシアをもたらしはしない。事実、軍事努力以外の賢明にして不屈な多くの努力が伴われない限り、ほとんど全くその方向に進めそうもないのである。またいつまでも大戦争がないからといって、いまとは異なったロシアの出現が阻まれるということもない。それら一切のことは、戦争であろうとなかろうと、きわめてたくさんの人々によって行われねばならないきわめて多くの事柄に依存している。これら一切をアメリカだけで行うことはできない。直接の行動に関して言えば、これらの大部分はアメリカが行えないものである。しかしわれわれの間接的行動が結果に影響を及ぼすことはできるのであり、それは重要なことである。そしてまたわれわれの努力によってこの秤をいずれかの方向へ動かすことのできる時があるだろうということも記憶しなければならない。この理由から、ロシアの将来にわれわれがどう関わるかという問題は、われわれのもっとも不撓不屈な思索と注意とに値するのである。われわれがこの関係を決定しようとする場合、非常に重要な二つのことがある。㈠われわれが何を欲しているかを知らねばならない。㈡われわれが欲しているものの実現を阻げるより助長するために、われわれがいかに行動しなければならないかを知らねばならない。「助長」という言葉は、それだけの理由があって使ったのである。なぜなら、ここでわれわれが扱っているのは外国なのであり、われわれの役割はせいぜい周辺的なものにすぎず、ほかのものが演ずるはるかに重要な役割に対する補完的なものであるからである。

二

われわれは世界社会の仲間としてどのようなロシアが出現するのを望んでいるだろうか。おそらく最初に明らかにしておく必要があるのは、われわれがその実現を待望しても無駄な類のロシア像であろう。このようなロシアを——われわれとして待望することが*でき*ないであろうロシアを——説明したりまたこれを描き出すことは容易なことである。なぜならそれは、わが共和国の制度と非常によく似た制度をもっている資本主義的、自由・民主主義的なものであろうからである。

まず経済制度の問題をみるならば、直ちに、ロシアはわれわれがアメリカでよく知っているような私有企業についてほとんど知っていないということに気付くのである。ロシア政府は、革命以前においてさえ、わが国で伝統的に、または少なくとも平時には私有となっている多くの経済活動とくに運輸業と軍事工業に対して、つねに、しっかりとした統制力をもっていた。ロシア史の初期において、国土の未開発地域において商業上の大胆な先駆者となったことで有名なロシアの民間企業家の傑出した家族があったことは確かである。しかし概してロシアの土着の私有資本は、商品生産より商品交換の方で顕著であった。国内最大のビジネスは、製造工業よりはむしろ商業であった。そしてビジネスは西の世界におけるほど高い尊敬を受けていなかった。伝統的な、非常にロシア的な商人階級があった。しかしかれらは、その物の見方の広さにおいて、または自らの社会的責任に関する進歩的な考え方において、とくに一般に認められたこともなければ、尊敬を受けたこともなかった。かれらはロシア文学のなかで、概して否定的に低俗なものとして描かれていた。その趣味と偏見とがロシアの社会生活のなかで権威をもっていた土地貴族たちは、しばしばビジネスを見くだし、ビジネスに参加するのを避ける傾向があった。事実ロシア語は、わが国の「ビジネスマン」という表現に照応するような言葉を、決してもたなかった。ロシア語にあるのは「商人」という言葉だけであって、この言葉はいつも快い響きをもっていなかった。

ロシアは今世紀になるころ突進的な活動によって工業化されたのであるが、一見して明らかなのは、一般に国家や社会がこの新しい緊迫状態に対処するだけの責任と抑制の伝統を充分もたなかったことである。この工業発展は、所有が分散される法人の形をとるよりは、主として個人の企業という基礎に立って進行したので、その特徴は、このような致富を迎えるだけの用意をしていなかった個人やその家族の手に、突然財産が蓄積されたということであった。かれら以外の人々の眼には、しばしば、富の消費の仕方が富の蓄積の仕方と同じように恥ずべきものとして映ったのである。個々の資本家と労働者とは、きわめて接近して生活していた。事実多くの工場所有者は工場の構内に住んでいた。かかる事情は、しばしば、西の先進国の状態よりは、マルクスによって描かれた初期の産業革命時代の資本主義の型の方に類似していた。この事実は、ロシアにおけるマルクス主義の成功と関係をもっていたといって良いかもしれない。ロシアの産業資本家は労働者にとっては概して間近にみることができたが、かれらはしばしば初期の共産党の漫画に描かれている資本家どおりの脂肪過多症に陥っており、往々(つねにではないが)俗悪にして冷酷であった。

以上すべてのことが示すのは、帝制ロシアの私有企業がどんなものであったにせよ、それが古い商業的伝統をもつ国において今世紀の初めまでにすでに獲得していたものに似た尊敬と重要性は、国民によってまだ抱かれていなかったということである。おそらく時が経つにつれてそうなったであろう。見透しは徐々に明るくなっていた。革命前のロシアには能率の良い、進歩的な工業経営の実例が存在していたし、また、増加しもしていた。

しかし、これらはみな遠い過去のことであるのを記憶しなければならない。革命以来すでに三三年になっている。ソヴェトの生活のように苛酷な条件のもとにおいては人々の寿命は短い。これらの歳月は革命前の一世代の消滅をもたらしたのである。ロシアの事態が進む方向に影響力をおよぼし得る人々の中で、今日、革命以前の時代を記憶しているものは、非常に少なくなっている。かれらより若い世代になると、ソヴェト政権の強制した国家資本主義以外のものについては、全く理解も概念ももっていない。そしてここでわれわれが述べているのは、現在のことでさえもなく、むしろいつまでとは限定できない将来のことなのである。

以上すべてのことを考慮するならば、ロシアにおいてわれわれの知っているような私有企業制に近いものを早期に確立することを可能にする国民的理解が、全くロシアに存在していないことを知るのである。だからといってこのような理解が、将来発展しないだろうというわけではない。恵まれた情況の下では、発展することもあるだろう。しかしそれとても、われわれの制度と決して同じものではないだろう。そしてまた誰もその歩調を有効に強制しうるものはないだろうし、とくに外部から強制しうるものはないであろう。

ソ連邦の内外において、「社会主義」なる言葉はかくも永年にわたって「ソヴェト」という言葉と密接に結びつけられて使用されてきたので、今や社会主義なる言葉は多くの人々によって憎しみをいだかれていることは事実である。しかしこの現象から、容易に誤った結論がひきだされる。小売業や日常生活の楽しみに関係する個人のこまごまとした用向きに役立つサービスなどは、その大部分がやがて私営で行われるようになることは、考えられ得ることである。われわれがやがてみるように、農業ではその広汎な部分が私的所有と私人の創意に復帰することは確かである。さらに一団の職人による生産協同組合(アルテリ)の制度——ロシア人の伝統と理解とにとくに根をおろした制度——はやがて、現代の労資問題を解決する方法にきわめて重要な、有望な革新を意味する経済制度への道を指し示すかもしれないという可能性もある。しかしわれわれにとって通常は私有企業の領域だと考えられている経済生活の大きな分野が、政治的権威の性格がどうなろうとも、将来長きにわたって国家の手中に残るであろうということも、ほとんど確実である。このことはアメリカ人にとって意外なことでもないし、腹を立てる者もいないであろう。つぎに述べるようなある主要な例外をのぞけば、ロシア経済生活の形態の問題が外部の世界の強い関心を引くような問題でなければならないという理由はない。

この問題を考えるにあたっては、農業は、特別の場所を与えられるだけの重要さをもっている。農業はソヴェト体制の「アキレスの踵」である。それが私人の手にゆだねられるならば、人間の自由と個人の創意とに対する譲歩——本当のボリシェヴィキから見れば忌わしい譲歩を意味する。強制的な集団化は、農民をその土地にとどまらせ、生産するようにするために、厳重な拘束の機構を必要とする。農民の強制的集団化は、これと密接に結びついている警察の行き過ぎた苛酷さを別とすれば、おそらく今日ソヴェト連邦における最大の不満の原因であろう。ロシアに将来出現する進歩的な政権がまず行わねばならない行動のひとつが、このように憎悪されている農奴制を廃止し、私的土地所有の誇りと刺戟とを農民にとり戻し、農業商品を自由に処分させることにあることは、当然であろう。集団農場は存続し得るだろうし、おそらく存続することだろう。なぜなら現制度でもっとも憎まれているのは、生産協同組合という構想自体ではなく、それが現実に実施される場合基礎をなしている拘束的要因なのであるから。将来の集団農場は自発的な協同体で、強制結婚ではないであろう。

政治面に眼を転ずれば、われわれがすでに述べたように、われわれはアメリカ型の自由・民主主義ロシアが出現するものと期待し得ないであろう。このことはいくら強調しても強調しすぎるということはあり得ない。だからといって将来のロシアの政権が、必然的に非自由主義的なものであろうというわけではない。過去のロシアに存在した系譜ほど立派な自由主義の伝統はない。今日ロシアにおける多数の個人とその集団は、この伝統に深く染まっている。したがってかれらは、将来のロシアにおいて、その伝統を支配的な要素とするようにあらんかぎりの力をつくすであろう。われわれはかれらがその努力において成功するよう無条件に期待したい。しかしわれわれがあまりに多くのことがあまりに早く生ずるように期待し、またはわれわれ自身の制度に類似したものを樹立するように期待するならば、それはかれらにとってよいことではないであろう。これらロシアの自由主義者が歩む道は決して容易なものでないであろう。かれらは、国内の若い世代が、ソヴェト権力以外のいかなるものも知らず、その権力に対して憤りと憎悪を抱いているときさえも、潜在意識的に、その権力の思考形式によって物を考えるように訓練されているのを発見するだろう。ソヴェト体制の多くの特徴は残るであろう。これらの特徴に代るものとなったと思われるあらゆるものが破壊されてしまったという理由だけからしても、残るであろう。そしてまた若干の特徴は残るに値するであろう。なぜなら数十年も継続する制度にして、全く何の効用もないということはないのであるから。将来のロシア政府の計画は、すべて、このソヴェト体制の時代という幕間があったという事実と、それが積極的な痕跡と消極的な痕跡とを残しているという事実とに、適応しなければならないであろう。将来のロシア政府の構成者たちが、今日われわれの知っているボリシェヴィズムに代るべき穏当なものを求めているからといって、西の世界の、好意は寄せているが空論的であり性急な人々が、かれらに西側世界の民主主義の夢の複製を性急につくらせようとするならば、それはかれらの助けとはならないであろう。

なかんずくこの点においてわれわれアメリカ人は、他国がわれわれに似ようと努める度合によって、他国を判断しようとする根深いわれわれの傾向を抑制し、またできるならばこれを完全に絶滅しなければならない。われわれとロシア国民との関係において以前に決して重要視されなかったからこそ、今重要なのは、われわれの制度はちがった気候と条件のもとに住んでいる人々に妥当しないこと、どうみてもわれわれのものに似ておらず、しかも非難できないような社会構造と政府形態とが存在し得るということをはっきり認めることである。この認識がわれわれを驚かす理由はない。一八三一年ドゥ・トクヴィルがアメリカからの通信でいみじくも次のように述べている。「私がこの国を知れば知るほどこの真理が私の心にしみ込んでくるのをどうしようもない。この真理というのは、政治制度の理論的価値には絶対的なものが全くないこと、政治制度の効率はほとんどつねにそれが起源をなす環境とその政治制度が適用される国民の社会的条件に依存するということ、この二つである。」

政府の形態は主として実践の火の中で陶冶されるのであって、理論の真空の中にではない。それは国民の性格とその現実に照応するものである。ロシアの国民的性格には非常に良いものがある。その国の現実の事態は、この良いものをもっと慎重に考慮するような政府形態が出現することを、心から待ち望んでいる。われわれはそのような政府形態の出現することを希望しよう。しかしソヴェト政権の命運が尽きるとき、またその個性と精神が変化し始めるとき(究極の結果はそのいずれかであろうが)、その後に現れる人々のまわりを神経質にうろつきながら、かれらが「民主的なもの」に関するわれわれの考え方に合致するかどうかをみるために、かれらの政治的顔色に毎日リトマス紙をあててみるようなことをしないでおこう。かれらに時を貸そうではないか。かれらをロシア人たらしめよう。かれらの国内の問題はかれら流にやらせようではないか。一国民が尊厳と、進歩的な政府に向って進んでゆく道は、その国民生活のもっとも深い、もっとも内面的な過程を形成する事柄なのである。この問題ほど外国人の理解しにくいものはなく、外国の干渉がまずい結果をもたらすものはない。ここでこれから検討するように、将来のロシア国家のいくつかの特徴は外部の世界にとって真に重要な関心事となる。しかしこれには政府の形態自体は含まれていないのであって、政治体制が全体主義とは一線を画したある明確な限界内に留まるならばそれでよいのである。

三

それではそうした特徴にはどういうものが含まれるだろうか。われわれが合理的に、正当に期待することのできるのは、どんなロシアであるか。われわれが世界社会内の責任ある構成員として、外国、とくにロシアの個性について期待することを許されるのは、どのような属性であろうか。

まず第一にわれわれの期待し得るのは、今日われわれの知っているものとは反対に、他の国と国民とに対する関係において、寛容であり、対話が可能で、率直なロシア政府である。その政府は、自分の支配していないあらゆる政府組織を動揺させ、やがて破壊してしまわなければ、結局において自国の目的を達成できないというイデオロギー的立場をとらないであろう。その政府は、現在われわれが充分知っているような偏執狂的な懐疑心をもたないであろうし、われわれを含めた外部世界を、現在本当にあるがままに、また今日までつねに経過してきたままに眺めることに、すなわち外部世界は完全によくもなければ、完全に悪くもなく、(「信頼」は対外関係においては相対的意味しかもたないという単純な理由からだけではあるにしても)完全な信頼をおけもしなければ、全然信頼できないものでもないことに、同意するであろう。その政府はまた、この外の世界がロシアへの侵入という凶悪な陰謀に全く夢中になっているわけではなく、ロシア政府に危害を加えようとして夢中になっているわけではないということを認めるのに同意するであろう。外界をこのようにみるから、将来のロシアの政治家は、政治家ならばやらねばならないようにかれらの国の利益を守りながらも、それらは他国の利益を犠牲にしなければ伸長し得ないし、他国の利益は自国の利益を損なうことによってのみ守られるものだなどと想定せず、寛容と忍耐と気楽さをもって外部世界に接近できるであろう。

誰も、素朴な子供のような信頼をもてと求めているのでないし、誰も、外国のものならばなんでも愚かに熱狂しろといっているのではない。また誰も、つねに諸国民の関係を特色づけてきたし、今後もつねに特色づけてゆくものと思われる純粋な、正当な利害の相違を無視しろと要求しているわけではないのである。われわれは、ロシアの国民的利益が存在しつづけてゆくことだけではなく、強く、確信をもってそれが主張されるのを期待しなければならない。しかしわれわれが今日知っているものよりも進歩したと認め得るような体制においては、それが感情的に健全なまた節度ある雰囲気の中で主張されることを、われわれとして期待するであろう。すなわち、われわれが新しいロシアに期待するのは、次のようなことであろう。外国代表を悪魔にとりつかれている者と考え、そのようなものとして取り扱いつづけることがないこと、その国の国民生活に致命的な危害を与えることなしに満足させられるような、外国に関する罪のない、正当な好奇心というものがあり得ることを容認すること、ロシア国家の破壊を目的としない個々の外国企業の事業欲というものもあり得ることを是認すること、そして最後に、国境を越えて旅行したがるひとは、「スパイ、サボタージュ、牽制行動」以外の動機、すなわち旅行を享楽したいとか、時々親類を訪問したくなる特殊な衝動のような、事実つまらない動機をもつこともあるかもしれないし、また往々もつ傾向があることを認めることなどである。要するにわれわれが求めるところは、鉄のカーテンとして知られているグロテスクな、時代錯誤的な制度がこの世界から撤廃されること、世界社会の成熟した一員として多くのものを与え、多くのものを受けるに充分値するロシア国民が、大人の世界と正当な関係にはいるにはあまりに未成熟であり、単独で外出するにはあまりに信頼できない子供として取り扱われる政策によって、侮辱されなくなることである。

第二に国内の政府組織はあらゆる本質的な点においてロシア自身の問題であり、またわれわれ自身の政府組織と非常に異なった形をとることができるのを認めながらも、政府の権力の行使が全体主義と明瞭な一線を画した限界内にとどまることを、われわれとして期待する権利がある。とくにわれわれの期待できるのは、今日われわれの目前にある政権とは良い意味で対照的であると主張するいかなる政権も、工業および農業における労働を奴隷化しようとはしないだろうということである。これには理由がある。この理由はこの種の抑圧に関するむかむかするような個々の事実を目撃した場合感ずる衝撃よりは、もっとしっかりした理由である。ある政権が、自国の労働人口をこのように奴隷化し始め、そしてそのような奴隷化をつづけてゆくためには、ほとんど自動的に鉄のカーテンをおろさねばならないほど巨大な強制装置を必要とする。いかなる支配グループであろうと、自国の人民を犯罪人とみなし、またそのように扱うことによってのみ支配してゆけるということを認めたがるものはない。この理由から国内における抑圧を、外界の脅威的邪悪さを指摘することによって合理化しようとする傾向が、つねに存在している。それゆえこのような情況においては、外界は実に邪悪なものとして、すなわちそのまま漫画といってよいほど邪悪なものとして描かれねばならない。それほどにしなければ駄目なのである。その政権は、真実を注意深く鉄のカーテンの彼方にかくしながら、心配症の母親たちが「用心していないとつかまえられてしまうよ」と邪悪な「何か」の姿を潤色して自分の子供たちを脅かし、それによって自分たちの権威を強化しようとするように、人民たちに対して「外国」の怖ろしさをありとあらゆる毒々しい色彩で描くのである。

このようにして国内で権威をふるいすぎると、世界の諸政府のなかの一政府としての行動は必然的に非社会的な、侵略的なものとなるのであり、したがって国際社会の関心の対象となる。世界は、そこから果しなく、あきあきするような虚偽が生れてくるので、この喜劇に全く我慢がならなくなっているばかりでなく、それが長くつづくと、たやすく世界平和と安定とにとり重大な脅威となるほど無責任な、危険なものであることを知るようになったのである。この理由のゆえにわれわれは、自由と権威との間のすべての区別は相対的なものであることを認め、外国に関わるそれらの区別の九〇パーセントはわれわれのとやかくいうべきことではないということを認めながらも、いかなる大国の政府も隣国に対してもっとも苦痛な、重大な問題をつくりだすことなしには入れない領域があると主張するのである。ヒトラー政権の国内体制が踏みこみ、また少なくとも過去一五年間ソヴェト政府が入っていたのは、まさにこの領域である。われわれは、将来のロシア政権がこの危険な領域に踏みこまないようにならないかぎり、満足すべき関係をむすび得る相手として認めることはできないと、はっきり述べてよいだろう。

われわれが新しいロシアに期待できる第三は、民族的自己主張の本能と能力とをもっている他国の国民を、抑圧的な軛《くびき》でつながないことである。この問題を論ずるにあたって、われわれは微妙な主題に立ち入ることになる。政治問題の辞典のどの場所を開いてみても、この主題ほど困難で、奇怪なものはない。大ロシア国民と旧ロシア帝国版図外の周辺の諸国民および旧帝国内に含まれていたロシア民族以外の諸国民との関係を規定している国境や制度上の取り決めの形態の中には、今日支配的な通念に照らしてみると激しい憤激をよび起さず、多方面での真の不正義を含まないものはないといってよい。世界のこの地域の人々が、国境と少数民族問題について、過去において考え、今日なお考えつづけているような仕方で考えていくとしても、アメリカ人は、これらの主題に対する見解または立場のために責任をとることにならないようにした方がよい。なぜならアメリカ人が提唱するようないかなる解決案も、やがてアメリカ人に対する非常な不満の種となることになりかねないし、人間の自由という問題とほとんどあるいは全く関係のない紛争にまきこまれてゆくことになるだろうからである。

明白に必要なのは、そしてアメリカが奨励するだけの価値をもつ唯ひとつの解決方法は、それら全関係国の国民のあいだに、この紛争地域の国境および制度的取り決めについて、それらの意味を新しく考え直し、その重要性を相対化するように仕向ける気分が生れてくることである。そのような気分が現実に生れてくるかどうかは、われわれにはわからない。そしてまさにこのことがわからないからこそ、アメリカ人は、この地域内のある特定の取り決めについて支持や奨励を約束する場合、極度に慎重でなければならないのである。なぜなら、ある特定の取り決めの基調となっている精神が明瞭となるまでは、これらの取り決めが何を意味するか知ることができないからである。これらの取り決めが機能する場となるべき心理的雰囲気についてなんらかのことを知り得るまでは、ある一つの民族集団が、独立の地位か、あるいは連邦の地位を与えらるべきか、ある特定の形の地方自治を与えらるべきか、あるいはそのような地位を与える必要がないのかなどについて、どうして知ることができようか。大ロシア民族の民住地域の周辺にあって、その経済的存在が大ロシアのそれと密接に結びついており、民族的には非ロシア的な性格をもつ国民がある。将来これらの経済的紐帯をできるだけ破壊しないようにしなければならない。そのこと自体、密接な政治的関係の生れるのを、通常の場合保証することになるであろう。しかしこの政治的関係の性質は、つねに、この線の両側にどのような態度が支配するかに依存するであろう。すなわち当事者である諸国民(ロシアの国民のみならず)が、これらの関係を樹立するために、どの程度の寛容と洞察とをもち得るかに依存するのである。

たとえばわれわれのすべてが同意しているところは、バルト諸国が、国民の心底にある感情に反して、決して再びロシア国家といかなる関係にもはいることを強制されてはならないということである。しかしこれらの諸国が、過去の不幸な記憶を克服しバルト諸国民との関係を真の尊敬と公平無私との上に基礎づけようと心から希望している、寛容な非帝国主義的なロシアと、密接な協力的な取り決めを結ぶのを拒否するとすれば馬鹿げたことであろう。ウクライナもまた、国民の特殊な天賦の才能と能力に対して、また言語的・文化的統一体として発展する必要と可能性に対して、充分の承認を与えられるに値する。しかしウクライナは、経済的には、ペンシルヴァニアがアメリカの一部であると同じように、ロシアの一部である。それとの関係が調整されねばならない当のロシアの性格がわかるまでは、このウクライナの最終的地位がいかにあるべきかについて誰が知り得よう。さて衛星国については、かれらは完全独立の状態を恢復しなければならないし、またそうなるだろう。しかしかれらが、自分たちと悲劇をともにしたロシア国民に対し、復讐と憎悪の感情をもって対処するような誤りを犯すならば、またボリシェヴィズムの遺産を克服しようという良い意図をもったロシアの政権の初期にあたって遭遇する困難を利用して、自国の将来の基礎づけを行おうとするならば、かれら自身にとり安定した多幸な将来を保証することとならないであろう。

関係諸国民が最大の善意と広い寛大さをいだくものと想定したにしても、この領土問題の困難を過小評価するべきではない。第二次大戦後行われた領土的処分の一部分(それは暫定的状態を早急に恒久的状態にしてしまおうとする一部の政府の意識的政策によって一層悪化しているが)は、平和な将来をもたらすのに役立たない、明らかに不健全な状態を表すものとなっている。他日これらの処分は修正されねばならない。そしてこれらの変化が暴力と困難とをさらに加重しないで行わるべきものならば、すべての関係国においての機略と奇蹟にも類する忍耐とを明らかに要請されるであろう。このような不幸な情勢に対して、ヨーロッパの諸国民は、ボリシェヴィキ指導者の打算的なシニシズムと西の列強の平和的な怠慢のおかげであると考えなければならない。

しかしヒトラー時代のドイツ反体制派の中でももっともすぐれたひとりが、さきの戦争中、生命の危険を冒してイギリスの友人におくった便りのなかでこう書いている。「われわれにとって戦後のヨーロッパは、国境と兵隊の問題や頭でっかちな組織と大計画の問題よりは……人間の姿をいかにしてわれわれ同胞の胸の中に恢復させ得るかの問題である。」(2)

ナチの絞首台が現在と将来とのためにこの人物の命をとらないでいてくれたらと思う。彼は正しくもまた勇敢でもあった。エルベからベーリング海峡にいたる地域の将来が過去よりも幸福になるべきならば、このような人々が絶対必要なのである。アメリカ人が、世界のこの地域で有益な影響力を及ぼしたいと思うなら、鉄のカーテンの彼方から来るべき友人に対して、これらの人々にせよそれ以外の人々にせよ、いわゆる国境線や言語集団の素朴な忠誠心を操作して、あのような陰険なまた役にも立たない策略を継続することは、過去においてそのような策略がその地域では政治家の仕事であると認められていたにしても、愚かなことであるということを説得しなければならない。国境がどこを通るかということより、もっと重要なことがある。その第一は過去の困難と将来の問題とを前にして国境の両側で寛大と深慮と謙譲とがあるべきであり、どのヨーロッパの国民にとっても将来の重要問題は、どれ一つとしてその国の国境の内部において完全にまたは根本的に解決されるようなことはないとの認識をもつべきだということである。

そこで、ロシアのためを思う一アメリカ人として将来ロシアに期待したいのは、つぎのようなことである。すなわちロシアは永久に鉄のカーテンを取り除くこと、国内における政府の権威に一定の限界をみとめること、帝国主義的膨脹と抑圧という古い計略を破壊的な、無価値なものとして放棄することなどである。もしロシアが以上のことをやるだけの用意をしていないとすれば、われわれが現在目撃しているロシアとほとんどなんらの差異もないであろう。したがってかかるロシアの出現を促進しようとすることは、たった一人のアメリカ人の顧慮や思索にも値しないであろう。ロシアがそうする用意をもっているならば、その場合には、アメリカ人はロシアの性質と目的についてあまり深刻に心配する必要はないであろう。もっと安定した世界秩序を求める基本的要求がその場合は充足されるに至るだろうし、外国の人間の思索と示唆とが役立ち得るような分野も充たされるに至るだろう。

四

われわれが出現させたいと思うロシアについてはこれだけに止めよう。われわれはアメリカ人として、このようなロシアの実現または少なくともこのようなロシアへの前進を促進するために、いかに行動すべきであるか。

われわれがこの主題を考えるにあたって注意深く区別しなければならないのは、直接行動すなわち現在鉄のカーテンの彼方にいる人間と事件とに対して直接影響するわれわれの行動と、間接行動すなわちほかのことに関連して――たとえばわれわれ自身または他の国民に対するわれわれの関係に関して――とられ、ソヴェト世界には間接的に、偶発的にしか影響を及ぼさない行動との二つである。

きわめて残念なことには、今日のままの世界では、上に論じた目的を達成するためのアメリカの直接行動の可能性は、戦争になる可能性があるという立場からも、「大戦争のない」現状が継続するという立場からも、吟味されねばならない。これら二つの場合の最初のものが不幸にもまず論じられねばならない。なぜならそれは、多くの人々の心の中で支配的な見透しとなっているからである。

戦争になった場合、もっと望ましいようなロシアの出現を促進するためにわれわれとして直接的にはどういうことができるだろうか。われわれは、われわれが出現するのを望んでいるロシアのイメージをしっかりと明瞭に心にとどめ、そのようなロシアが出現するように軍事作戦が行われるのを保証することができる。

この任務の最初の部分は消極的なものである。すなわち戦争目的に関する無関係な、または混乱した考え方によってわき道にそらされないようにすることである。その場合われわれはスローガンの奴隷とならないですむことができる。われわれは、われわれの参加するむごたらしい怖るべき事業についてただ自分の気を安めることだけを目的とした、大袈裟な、非現実的な、または無意味でさえある文句によって混乱されないですむことができる。戦争は——それは破壊、残虐および犠牲の問題であり、また分離、国内崩壊およびより深い社会構造の弱体化の問題であるが——、それ自体なんら積極的目的を実現し得ない過程であるということを想起することができる。すなわち軍事的勝利でさえも、それ以上の、またそれよりもっと積極的な何ものかを達成するための必要条件にすぎないのであり、それはかかる達成を可能にするものの、決してこれを保証するものでないのである。この場合われわれはつぎの点を想起する道義的勇気をもつことができる。すなわち重大な国際的暴力は、われわれの文明の価値からみて、われわれすべてにとって——自分が正しいと確信している人々にとってさえ——ある種の破産であるということ、勝者であろうと敗者であろうとわれわれすべてが、戦争を終えたときには、始めた時よりももっと貧しくなり、また心に抱いたゴールよりももっと遠くなっているということ、勝つか負けるかは不幸の相対的程度の差を意味するにすぎないから、もっとも輝かしい勝利を克ち得たにしても、過去のできごとに対する悲しみと謙遜の気持以外の気持をもって将来に直面する権利を得るわけではなく、今後よりよい世界に達する道は長く困難である——軍事的破局を全く避け得た場合当面したであろうよりも事実さらに長く困難である——という認識以外の気持をもって将来に直面する権利を得るわけでもないということなどである。

これらの事情を想起するならば、われわれは、軍事作戦をそれ自体目的としてみることができなくなるであろうし、それをわれわれの政治目的と調和するような仕方で遂行することがやさしくなるであろう。もしわれわれが現在ロシア国民の上に君臨している人々に対し武器をとって戦わねばならないとするならば、われわれはロシア国民に対して、われわれはかれらの敵であるとか、かれらをわれわれの敵として考えているとかいう印象を与えないようにすることができる。われわれはまた、かれらの上に加えざるを得ないような苦難の已むを得ない所以を、かれらに理解させるようにすることができる。われわれはまた、かれらの過去に対して同情的理解とかれらの将来に対して関心とをいだいているのだという証拠を、たえずかれらの前に提示しつづけるようにすることができる。またわれわれがかれらの味方であり、もしわれわれが勝利するならばその勝利は、かれら自身の将来の運命をかれらが過去において知っていたよりもっと幸福なものにする機会を与えるために使用されるであろうという感じを与えることができる。以上すべてのためには、ロシアがいかなるものであったか、いかなるものとなり得るかを心に銘じ、そのように心に描かれたものを政治的差異のために曇らさないようにすることが大切である。

国民の偉大さということを定義することはなかなかむつかしいことである。どの国民も個人から成っており、そして周知のように個人の間には同一性というものはない。あるものは魅力的であり、他のものは不愉快である。あるものは正直であり、他のものは必ずしもそうでない。あるものは強く、他のものは弱い。あるものはひとの賞讃をうけ、他のものは誰からも賞讃をうけるに値しない。このことはわれわれ自身の国でそうであり、ロシアでもそうである。かかる事情の下に国民の偉大さが、まさに何からなっているかを言うことは困難である。国としての偉大さは、確かに、国民が自分で偉大だと考えている性質からは、ほとんど構成されていない。なぜなら個人の場合と同じように一国の場合においても、顕著な美点は概してわれわれが自ら優れていると考えているものではないのであるから。

それでも国民の偉大さといえるものがあることは明瞭であり、ロシアの国民が高度にそれをもっていることも疑問の余地がない。かれらが暗黒と悲惨から脱けでる歩みは、非常な困難によって特徴づけられ、時々胸のはりさけんばかりの挫折をこうむってきた、苦痛にみちた歩みであったが、そのような歩みをしてきた国民なのである。この地上でロシアほど人間の尊厳と愛とに対する信念の小さな焔《ほのお》を、猛烈な勢でふきつける風のなかで、あぶなげながらも燃えつづけさせたところはないのである。しかもこの焔は決して消えていない。それはロシア国土の中心部においてさえ、今日なお消えていない。幾時代を通じてロシア精神の闘争を研究するものは誰でも、犠牲と苦難を経ながら、この焔をともしつづけてきたロシア国民の前に、賞讃のあまり脱帽する外はないのである。

今日までのロシアの文化の記録は、この闘争が、伝統的なロシアの領域にとどまらず、もっと広汎な意義をもっていることを示している。それは人間文化の一般的な進歩の一部をなしているが、きわめて重要な一部なのである。これが真であるのを知るためには、われわれとともに生活し、働いているロシア生れの、または祖先をロシアにもった人々——技術者、科学者、作家、芸術家——を眺めるだけでよい。われわれがソヴェトの見方や政策に憤りを感ずるからといって、ロシアの国民の偉大さを忘れ、かれらの天賦の能力と善に対する潜在力とに関する信念を失い、われわれをかれらの国民感情の敵とすることによって、われわれがロシア専制政治の共犯者となるならば、それは悲劇であろう。ロシア国民がわれわれの好ましい同盟者とならないかぎり、自由の立場を信ずる外界のわれわれが、ソヴェト権力の破壊的活動に抗するいかなる闘争においても決して勝利を得ないであろうということを考えるとき、以上のことの重要性はもっと明らかになるのである。このことは平和の場合でも、そして戦争の場合でも同じことである。ドイツ人は当時自由の立場に立って戦ったのではなかったにしても、ロシアの国民とソヴェト政府との両者に対し同時に戦うことのできないことを痛切に教えられたのであった。

ここで最大の困難は、ロシアの国民が、全体主義政権の臣民として、口枷《くちかせ》をはめられ、力を奪われた状態のうちにあるということである。ドイツに関するわれわれの経験に徴して明らかなのは、現代専制政治の軛《くびき》のもとにある人間の状態を、われわれは国民全体として充分に理解しなかったことである。全体主義は民族に結びついている現象ではない。それはあらゆる人間性がある程度かかりやすい病気である。そのような政権のもとに生活することは、全く歴史的な理由によって、また本当はその国民全体の特殊な罪に帰することができない理由によってふりかかってくるような不運である。環境が抵抗力を決定的な程度まで弱めるとき、病菌が勝利を占める。個人生活がいやしくも全体主義の構造のなかで継続してゆくためには、その政権と折合いをつけ、ある程度その目的に眼をつむって行かなければならない。その上全体主義政府が自らを大衆の感情と願望とに合致させることのできる領域がつねにあるものである。したがって全体主義のもとにおける市民と政治的権威との関係は必然的に複雑である。それは決してしっくりしたものでも、単純なものでもない。このことを理解しないものは、われわれとそのような国の国民との関係のなかで何が緊要な問題であるかを理解することができない。このような現実の事態は、全体主義国家の国民は協力者と殉教者とに明確に分けることができ、それ以外には何も残らないというようなわれわれの得意な信念を容れる余地を残さないのである。民衆は全体主義との関係のなかから傷を受けないではでてこない。かれらがでてくるときには、援助、補導および理解を必要としているのであって、がみがみ叱ったり、説教したりすることを必要としないのである。

われわれが相手国の国民全体に対して感情的な憤激の態度をとっては、何の役にも立たない。われわれはこの安易な、幼稚な反応を超え、ロシアの悲劇を一つにはわれわれの悲劇として見、またロシアの国民を、この紛争にみちた遊星上において、人間と人間および人間と自然との幸福な共存の制度を樹立するための長い闘いの同志として、見ることに同意しようではないか。

五

非常な話題となっている戦争がわれわれの希望と意欲とに反して避け得ないことが明らかになった場合、われわれがどうするかという問題については、これだけにとどめよう。そこで今度はわれわれが、大規模な戦争のない現状の継続に直面したと想定しよう。その場合われわれの行動のコースはどうあるべきか。

まず第一に、われわれがここで考察しているような変化がロシアに出現するのを希望するだけの根拠が、このような事情のもとにおいてあるだろうか。この問題の答えには客観的基準など全くない。あれだとかこれだとかいう「証拠」もあるわけでない。その答えは、一部には意見と判断の問題であるが、一部には明らかに信念に基づく行動の問題でもあるものに依存している。私はこの答えは肯定的であると信じている。すなわちわれわれは、このような変化がありうるということを希望し、また可能であると主張するだけの正しい根拠をまさしくもっていると信ずる。しかしこの見解の根拠として言えることはつぎのことだけである。

人間性の中の悪と弱さとに基礎をおいたいかなる制度にも本当の安定などはあるはずがない。――このような制度は人間の堕落によって生きて行こうとする。それは人の苦悩、憎悪、容易に間違いを犯しやすい心、心理的操作にわけもなく参る人の心などを、禿鷹のように、餌食にしているのである。そうした制度は、それを創造した人々の世代に特有な失意と敵意を表しているものであり、またその代理人となるほど弱く、または愚かだった人々の冷たい恐怖を表しているのである。

私はここでロシア革命がそのようなものだったと言っているのではない。ロシア革命は歴史の論理に深く根差した、もっと複雑な現象である。私の言おうとしているのは、人間界のできごとに望ましい転回をあたえると主張し、人類の不正と抑圧の総量を増加するよりむしろ減少させると主張したものが、警察国家という陋劣《ろうれつ》な煉獄へと転化していった過程である。失敗者としての意識を強くもつ人々だけが、このような制度につねにまつわっているようなことを、ほかの人々に行なって満足することができるのである。そして共産主義国の警官の眼の中を深く見入る機会をもつものは誰でも、訓練された憎悪と猜疑とに充ちたその暗い井戸の中に絶望的恐怖のかすかなひらめきを見るであろう。このひらめきこそ私が前に述べたことの証拠である。初めから個人的権力欲と報復心を全体主義の途方もない欺瞞と途方もない単純化とによっておおいかくそうとする人々は、結局自分たち同士でたたかうことになる——すなわち隷属する国民をまきこみ、かれらの幸福と信念を戦場とするような怖るべき、絶望的な戦いになるのである。

この種の人々は、この闘争の情熱の一部を、かれらと密接な関係にある仲間でかれらの権力を継承する人々に伝えることができる。しかしこの継承過程はずっと先まで続くことができない。人々は、間接的に手に入れた感情的な推進力によって、ちょうどある種の習慣力によるのと同じように、前進してゆくことができる。だが、かれらはもはやほかのものにこれを伝えることはできない。一つの世代の人々がかれら自身およびその中にかれら自身の姿を反映させようと欲している一般大衆に対して、あれほどの絶望的な態度を取るに至ったこれらの衝動も、その後に来る世代にとっては次第になんの関心もわかないものとなってゆくのである。集団収容所では残酷さと虚偽と人間性に対するあくなき嘲笑とが横行した。

警察国家のこのようなあらゆる制度は、最初のうちこそ、危険と無秩序の表現がよく秩序立った、よく構成された社会に対してつねに及ぼすあの無気味な魅力に近いものをもつにしても、遅かれ早かれ——陳腐な、反覆されたポルノグラフィのように——そのような制度を動かす人々をもふくめたあらゆるひとに対して、煩わしいものとなってしまうのである。

全体主義の権力につかえる多くの人々は、事実、かれらの犠牲者以上に堕落しており、自分たちが自らよりよい将来を拒んだことを知っているだけに、自分たちの不幸な役目に絶望的にしがみつくわけなのであろう。しかし専制政治はただ牢番や絞首人に対する恐怖だけでは決して存続してゆくことができない。専制政治は背後にあって推進させる政治意志をもたねばならない。専制権力が歴代の王統や世襲される寡頭支配と密接にむすびつくことのできた時代には、この政治意志はもっと継続性をもつことができたであろう。しかしその場合には同じ理由から、専制権力の統治の対象となり、その労働によって専制権力が養われている民衆に対して、もっと慈善的な、もっと建設的な関心をもたねばならなかった。かれらのあらゆる威嚇と堕落とだけによっては存続し得なかった。歴代の王統を継続してゆくためには、専制権力は現在と過去に対してだけでなく、将来に対しても義務をみとめざるを得なかったのである。

現代の警察国家はこのような性質をもっていない。それはただ、与えられた歴史的瞬間における刺戟から生れてくる、社会の怖るべき激動をあらわしているにすぎない。社会はそのために病気となり、悲しみ、苦悶するであろう。しかし社会は、有機的なものであり、変化と更生と適応とによって特徴づけられたものであるので、そういう状態をいつまでもつづけることはない。この激動をひきおこした激しい病変は結局その症状を失いはじめ、もっと健康な、もっと病的状態の少ない、もっと興味のある生活をもとめる本能が自らを主張しはじめることになるであろう。

以上のような省察こそ一つには著者につぎのような信念を与えてくれるものなのである。つまり、妥当な希望のもてる、そして意義ある文明が、この地上のロシア以外のどこかに実在しているという形で、現状に代るべきものとして、ロシア国民の前に提示されるならば、過去数十年にわたって大国民の進歩を固定し、あらゆる文明の熱望の上に影のようにかぶさってきた怖るべき権力組織が、もはや生きた現実体としては識別し得なくなり、ただ一部が記録された歴史のなかに、一部が建設的な、有機的な変化の滓となって——人間のあらゆる大動乱が、他方においていかに不幸な表現をするにしても、時の棚の上になんらかの形で残してゆくような滓となって——存続するものとしてしか識別し得なくなる時が——遅かれ早かれ、また漸次的過程かあるいはそれ以外の過程によって——来るにちがいないという信念である。

しかしこの変化がどのようにして出現するかは、予想し得ないことである。事実、政治的発展の法則というようなものがあるならば、それは確かにここでその役割を演ずるであろう。しかしその場合、この法則は、現代の全体主義の現象に特有な発展の法則であろうし、それはまだ充分に研究され、理解されていない。かかる法則が存在するしないはともかくとして、発展は民族の性格によっても、偶然が人間界のできごとの生起するにあたって疑いもなく演ずる怖るべき役割によっても、修正されるであろう。

このような事情のため、われわれはロシアにおける政府の将来に関しては、「グラスを透してのように、不明瞭に」しか見ることができないのをみとめねばならない。表面上の証拠からみると、モスクワ政府の態度と実践についてわれわれが起って欲しいと思う変化が、権力の激烈な断絶なしに、すなわちその制度の転覆なしに起り得るだろうということについては、あまり希望をもつ余地があるようには思われない。しかしわれわれはこれに確信をもっているわけではない。もっと予想外のこと——非常に予想外とはいえないにしても——が起ったこともあるのである。だからともかくこの問題を早計に判断することは、われわれのやるべきことではない。われわれが本当に知り得ないと認めるようなものを決定することは、われわれの行動をわれわれの利益に資するように定めるという目的だけからいえば、われわれにとって必要ではない。われわれはここであらゆる可能性を認め、なにひとつ除外してはならないのである。大切なのは、世界という舞台における役者としてのロシアの性格についてわれわれが、こうあって欲しいと思っているイメージをはっきりと心の中に銘じておくことであり、それを、権力を握っているものも、それに反対しているものをも含めたロシアの諸政治派閥との交渉に際してわれわれの指針とすることである。そしてロシアにおける自由が、激しい解放の高揚によってではなく、むしろ専制政治が次第に侵蝕されることによって出現するということが、運命の意志であるということになるならば、われわれとしては、われわれの政策がそれを支持するようなものであったこと、およびわれわれは先入見や焦慮や絶望によってそれを阻まなかったということを言い得るようにしようではないか。

これだけのことについては確実だといえよう。すなわちロシア政府の考え方と行動の仕方とが大きな長続きする変化をするとすれば、それは主として、外国の鼓吹や勧告によって現われるものでないということである。変化が純粋であり、持続的であり、ほかの国民の希望にみちた歓迎に値するものであるためには、その変化がロシア人自身の創意と努力によって現れてこなければならない。外国の宣伝や煽動によって、大国民の生活に基本的な変化をもたらすと考えることは、歴史の働きに対する見方が浅いといわねばならない。ソヴェトの体制を宣伝によって転覆させることを主張している人々は、自分たちの主張の正しいことを証明するために、ソヴェト宣伝機関の広汎な活動や、全世界にわたってクレムリンによって指導され鼓吹されまたは奨励されている破壊活動のいろいろの面を指摘する。だがかれらは、かかる活動の顕著な事実は、それが執拗に行われてきた三三年の記録からみて、概して失敗であったことを忘れてしまっている。結局のところ、ソヴェト体制が現実に拡大するためには、一般に軍事的脅威か侵入かが必要であった。これに対して中国は例外であるといえるかもしれない。しかし実際どの程度まで中国がソヴェト体制の一部をなしているといいうるか、われわれにはわからない。最近数年間に中国でおこった革命をソヴェトの宣伝と煽動に帰することは、少なくともきわめて重要なほかの要因のいくつかを非常に過小評価するものである。

ある一国の政治問題についてその国とほかの国とが直接話し合おうとすることは、誤解と反撥とをおこす可能性にみちた疑わしい方法である。精神と伝統とが異なっており、政治的用語が全く通訳できないところでは、なおさらのことである。こういったからといって決して「ヴォイス・オヴ・アメリカ」――その仕事は、ロシアに関しては、ソヴェトの市民がアメリカの雰囲気と態度を正しく判断できるために、これらのものを、できるかぎり忠実に反映してつたえることであるが——の重要さを弱めるものではない。しかしこれは、ある特定の政治行動を使嗾するのとは全く異なったものである。われわれは、「ヴォイス」の放送やソヴェト市民の眼にふれるような、ほかのアメリカ生活の証拠などに明白にあらわれているアメリカの現実に対する観察が、ソヴェト市民に対してもつ意味について、われわれ自身の希望または意見をもつことは勝手である。このような事実からみて、われわれが何をなすべきかを知っていると考えることもでき得よう。しかしわれわれがあまりに明示的な態度をとったり、またこれらのものを、ソヴェト市民に対し、自国の国内政治生活において彼が何をなすべきかに関する示唆と鼓舞の基礎とすることは、間違いであろう。われわれは、彼の言葉ではなくむしろわれわれの言葉で、また彼の問題と可能性を不完全にしか理解しないで話す傾向がありすぎる。したがってわれわれの言葉は、われわれが伝えるつもりの意味とは全く異なった意味を伝えがちなのである。

これらの理由から、アメリカがロシアの国内発展におよぼすことのできるもっとも重要な影響力は、ひきつづき実例を示すことによってであろう。すなわち真実による影響力、しかも他人に対してのみならず、自分自身に対しても真実であるものでなければならない。だからといって、現に世論の関心をとらえている多くの事柄、すなわち物質的な実力、軍備、決意および他の自由諸国との団結というような事柄が、明白な重要性をもっていないというのではない。また、われわれ自身の力とともに、クレムリンの主人公たちを、かれらの大計画は無駄であり、実現できないものであること、それに固執してみたところでかれらの窮境もディレンマも解決する望みがないということを説得するのに役立つあらゆる世界の力を解放し有効にする意図をもった、賢明にして巧妙な外交政策の必要が、なににもまして緊要なものであることを否定するものではない。事実、戦争がさけらるべきであり、もっと希望にみちた力が作用するまで時を稼ぐべきものならば、これらのことが主たる仕事でなければならないということには疑問の余地がない。しかしこれらのものが、単に戦争を阻止し、または帝国主義的膨脹を挫折させるだけでなく、もっと深いもっと先をみるような何ものかによって、意味づけられ内容づけられないとしたなら、これらのものはなんの効果も生まず、消極的なものでしかあり得ないのである。この点については一般的に見解が一致している。しかしこの何ものとは何であるか。多くの人々は、それを、われわれが他国に向って何をわれわれとして勧奨するかの問題、すなわち対外宣伝の問題にすぎないと考えている。私は、それは主としてわれわれがわれわれ自身に向って何を勧奨するかの問題であると考える。それはアメリカの国民生活自体の目的と精神に関する問題なのである。われわれが他国民に与えようとするいかなるメッセージも、われわれがわれわれ自身に与えるものと一致している場合にのみ、またあらゆる物質的困難にも関わらず、物質的豊富さよりは精神的卓越さを何よりも認め、尊敬しようとしている世界の尊敬と確信とを克ち得るだけ感銘的なものである場合にのみ、効果をもち得るであろう。

われわれの第一の、そして主たる関心は、このような国民的性格をもつような段階に到達することでなければならない。このためにわれわれがやって来たことを他国民に納得させることに、あまり気をつかう必要がない。諸国民の生活のなかで、真に価値のあるものは、覆いかくすこともできないし、覆いかくされてもいないであろう。ソローはこういっている。

「あなたが強い光を入れるならば、闇と同じように、いかなる悪も消散され得よう……もしわれわれの使う光がかぼそい蠟燭にすぎないなら、それに照らされる大概の対象は自分より大きな影を投げるであろう。」逆にもしわれわれの蠟燭が強いものならば、その光線はロシアの室内に射し入り、やがてそこに支配している闇を消散する役割を演ずることは確かである。いかなる鉄のカーテンも、シベリアのような奥地においてさえ、アメリカが不統一と混乱と疑惑の枷《かせ》を脱し、希望と決断とを新たにし、熱意と明瞭な目的をもってその任務に着手しているというニュースを押えつけることはできないであろう。

（1） この論文は *Foreign Affairs*, Vol. XXIX, no. 3(April 1951), pp. 351-370 から編集者の許可を得て再録した。論文の版権は一九五一年 Council on Foreign Relations, Inc. によっ

て取得されている。

(2) *A German of the Resistance: The Last Letters of Count Helmuth James von Moltke* (London: Oxford University Press, 1948).

第三部

第一章　ウォルグリーン講演の回顧

三三年前の春、私はシカゴ大学で六回の連続講演を行なった——これはそれより一年前にむしろ気軽に引き受けた約束を果すためであった。当時私はまだ政府の役人——正確に言うと外交官——であったが、長期の休暇を得てプリンストン高等研究所で研究に従事していた。シカゴ大学での講演は私がはじめて依頼された学術講演である。それらはアメリカの対外関係の歴史からいくつかの問題を取り上げて論じた。当時私はアメリカ外交史全般について現在よりさらに知識が乏しかったので、主として自分の二四年間の外交経験に依拠し、その経験から得た教訓に照らして、取り上げた話題を考察しようとした。

さて、講演はまもなく『アメリカ外交五〇年』と題される小著としてシカゴ大学出版会から出版され、国内の多くの大学でアメリカ外交史および国際関係全般に関する科目の副読本として広く用いられたようである。また、私自身も驚いたことであるが、この本はいまだに新しく印刷されている。あなた方の中の何人かは——それがあなた方にとって楽しみであったか苦痛であったかについては、私は立ち入らないことにしたいが——そのような科目の何かに関連して私の本を読まされたのではないだろうか。

この講演集を読んだことのある方々は、とにかく、私の講演が分析的であるとともに批判的なものであったことを思い起こして下さるであろう。それらの講演はわれわれを世界政治とのさまざまな関わり合いへと導いたアメリカの政治家たちが、その際、それぞれ何を考えていたかを知ろうとしたという意味で分析的であった。それらはまた、彼らの政策の知的・政治的動機を探索したあとで、わが国が直面していると当時考えられた状況の現実に照らし、またそれらの政策が達成した結果に照らして、その動機を検討し、状況への対応が適切であったかどうかを評価しようとした点で、批判的であった。

この検討の結果は、この国が自国の国境から遠く離れたところで有益な行動をとる能力について、自信をもたせるようなものではなかったことを、私はおそれる。

最初の講演で私は一八九八年の米西戦争を扱ったが、合衆国が開戦した理由について検討したところ、「真剣で注意深い考慮はあまりなく」、「われわれの国益を慎重に順序立てて考察することもあまりなかった」ことがわかった。そしてひとたび開戦したあとの、わが方の兵力の動かし方にしても、達成しようとする目的が何であるかについての、思慮深い検討を経て決まったわけではなく、むしろ「民衆の気分、政治的圧力、および政府内の策謀」によって決まったものであることがわかったのである。

第二回の講演で扱った門戸開放原則の提唱に関して言えば、これはアメリカ人がほとんど理解していなかった状況に向けて行なわれた、実際には大げさで無駄なジェスチュア以上の何ものでもないものを、アメリカの世論がアメリカの政治家の見識を示す偉大な外交行動であるかのように容易に信じこまされてしまった事件であるという結論に、私は到達した。

第三回の講演では、一九〇〇年から一九五〇年まで半世紀に及ぶ、われわれの中国および日本との関係について述べた。この講演の結論として私は、それら両国との関係が、中国に対するわれわれの奇妙ではあるが深く根ざした感傷を反映してきたことを指摘した。この感傷が、自分たちほど恵まれず、より後進的と思われる他の国民に対する慈悲深い後援者、慈善家または教師をもって自任することによって得られる喜びから生じているのは明らかであった。またこの自己満足の中に、私はアメリカ人が陥りやすいものであるように思われた国民的なナルシシズム——集団的自己讃美——を見ないわけにはいかなかった。この自己讃美の傾向は、われわれの大げさな対外的行動と著しい対照をなす、深い潜在意識的な不安感——自分たち自身についての確認の必要——を隠すことができただけであると思われた。

同じ講演において、次に私は、アメリカ人の日本に対する否定的で批判的な態度を取りあげた。それはもちろんわれわれが中国に対してとった後援者的・保護者的な態度の裏返しであった。われわれの日本に対する不満は、日本が当時東北アジアで占めていた地位——朝鮮と満州での支配的な地位——に主として関わっていたように思われる。それらの地域は正式には日本の領土ではなかったから、日本による支配は法的にも道徳的にも不当であるとわれわれは考えたのである。私はこのような態度に異議を唱え、それはわれわれ自身の法律家的・道徳家的な思考基準を、それらの基準とは実際にはほとんど全く関係のない状況に当てはめようとするものであったと批判した。そして私は、この地域における活動的な力であるロシア、中国および日本という三つの国は、道徳的資質という点ではそう違わなかったのだから、われわれは他国の道義性を審判する代りに、それら三者の間に安定した力の均衡が成り立つよう試みるべきであったと論じたのである。日本をアジア大陸で占めていた地位から排除しようとしながら、もしわれわれがそれに成功した場合そこに生ずる空白を埋めるものは、われわれが排除した日本よりもさらに好みに合わない権力形態であるかもしれないという大きな可能性について、われわれはなんら考慮しなかったのだと私には思われた。そしてこれは実際に起こったことなのである。

このことに関連して、私がいま言及している講演が、朝鮮戦争中に行なわれたものであることを指摘したい。私は当時、朝鮮半島においてわれわれが陥っていた不幸な状態の中に、われわれが以前、日本の国益について理解を欠いていたことへの、また日本に代る望ましい勢力があるかを考えもせずに、日本をその地位から排除することにのみ固執したことへの、皮肉な罰ともいうべきものを認めないわけにはいかなかった。この例によって、私は、外交政策におけるわれわれの選択が必ずしも善と悪の間で行なわれるわけではなく、むしろより大きい悪とより小さい悪との間で行なわれる場合が多いことを指摘しようとしたのである。

第四回の講演は、アメリカの第一次世界大戦への参戦について論じたものであった。一九一七年の参戦の公式的理由は、あなた方も憶えておられるように、アメリカの中立がドイツによって侵犯されたためであった。私は中立を守るために参戦することの――すなわち、中立を守る目的のために中立を放棄することの――奇妙さを指摘したのである。また、私は(第一次世界大戦の際われわれがそうしたように)ある国際的紛争の外にできるかぎりとどまろうとした後で――一旦その中に捲き込まれるや否や――その戦いがわれわれの文明の全価値の存亡をかけた重大な戦争であることを、突如発見するという矛盾を指摘せざるを得なかった。もしドイツ帝国に対する戦争が現実にそのような戦争であったのであれば(それは実際にはそのような戦争ではなかったのだが)、われわれは中立を侵犯されてやむなく参戦するのでなく、むしろ自発的に参戦すべきであったし、もしまた第一次世界大戦がそのような戦争ではなかったならば、われわれの中立国としての権利の如き些細な事柄のために戦争に捲き込まれるべきではなかったのである。

第二次世界大戦は、連続講演で扱ったアメリカの国際関係への介入の事例の最後のものであったが、私はこの場合も、われわれができるかぎり超然たる態度をとろうとした戦争に、日本のパール・ハーバー攻撃とそれに引き続くドイツによる対米宣戦によって参戦させられるや否や、その戦争を理想化するようになるというアメリカ人の傾向を批判した。しかし私はまた、アメリカおよびその同盟国の軍事力の弱さのために、ソ連の大規模な援助なしにはヒトラーを打倒することを望みえなかったという事実によって、われわれの勝利が始めから抵当に入れられていたこと、ソ連からの援助が欠くべからざるものであったために、われわれは高価な代償を支払うべく運命づけられていたのであり、実際、それを支払わされてきたということを指摘し、そしてわれわれがこのことについて認識を欠いていたこと、というよりも認識を拒否していたことを強調したのである。現在のドイツおよびヨーロッパの分裂と不安定とは、われわれが一九四五年の時点でソ連より早くヨーロッパ中央部に進出できなかったためであることを思い起こすならば、それに対する代価の一部にすぎないことが理解できるであろう。もしわれわれが、自国の軍事的努力から得られるものに厳しい限界があることを認識していたのであれば――もしわれわれが、この戦争を望み通りの結末に導くことができるほど自国が強力ではないことを認識していたのであれば、平和的で栄光にみちた国際秩序が勝利の結果としてもたらされるであろうというバラ色の夢をもって、われわれは自らを欺くことはなかったはずだと私は考えたのである。

シカゴ講演で取り扱われた問題についての議論はこれぐらいにして、第二次世界大戦後の時代におけるアメリカの極東での関わり合いの主要なもののいくつかについて、論じさせていただきたい。まず朝鮮から始めることにしたい。

太平洋戦争終結時の状況を思い出してみよう。アメリカは敗戦日本の占領にソ連が参加することを断固として、そして私の考えでは正当にも、拒否した。しかし朝鮮半島においては、ヨーロッパ中央部の場合と同様に、日本軍の降伏をソ連軍が半島北部で、アメリカ軍が半島南部で受理する分担方式がとられた。その際、両国間には朝鮮の将来についてのなんらの合意もなかったのである。

さて、マッカーサー元帥は、占領初期には敗戦日本に対するアメリカの政策を決定する上でもっとも影響力ある人物であったが、彼は当初、永久に非武装化された中立国として日本の将来を描いていたように思われる。アメリカはマッカーサー元帥の方針を堅持すべきだったというのが、私自身の考えであった（私は現在でもそう考えるべき相当の理由があると思っている）。日本を中立非武装にするということは、アメリカが日本を軍事基地として使用できないことを意味し、ソ連にとって重要な利点があるものであるから、その譲歩の代償として、朝鮮全土に、民主主義的選挙に基づいて築かれ穏健なものになると思われる政府を樹立することに、ソ連が喜んで同意する可能性があったのではないかと私は考えていた。

しかし一九四九年の終りまでには、ワシントンで何かが起こっていたのであり、それはアメリカの戦後政策全体に深刻な影響を及ぼすことになったのである。「封じ込め」の概念は、私が一九四七年に誠に大胆に提唱したものであるが、それは私や他の人々がスターリン的共産主義の政治的拡大の危険と信じていたもの、そしてとくにモスクワによって指導され操作される共産主義者たちが、ドイツおよび日本という敗北した大工業国で支配的地位を築く危険に対処するものであった。私にしてもソ連をよく知っている他の人々にしても、ソ連が西側主要国あるいは日本に軍事的攻撃を加える危険があるとは、いささかも信じてはいなかった。ソ連からの危険は、いわば政治的危険であって軍事的なものではなかった。そして歴史の記録もそのような見方が正しかったことを示している。しかし私がいまだに十分理解できないでいる理由によって、一九四九年までにワシントン――すなわち国防総省、ホワイト・ハウスおよび国務省——の大多数の人々は、ソ連がかなり近い将来、第三次大戦となるかもしれない戦争を始める危険が現実に存在するという結論に達したように思われる。

なぜあの時期のワシントンでそのような結論がそれほど支配的になったのかという問題は、今日においてもなお、歴史的研究にとってもっとも興味深い問題の一つである。私はそのような見方に反対であったし、私の同僚のチャールズ・ボーレンも同じであったが、二人とも説得に成功しなかった。私はただその原因を、多くのアメリカ人にとって、とくに強力な軍事力をもつ国に関しては、その国がもたらす政治的脅威がつねに軍事的脅威と結びついているわけではなく、一義的に軍事的な脅威ではない場合もあるという考えかたは受け入れ難いものにみえたことに、求めることができるのみである。とくに軍関係者の間では、スターリン時代のソ連指導者がアメリカに敵意を抱いていたために、彼らが強大な軍備を持っていたために、そしてまた彼らがアメリカの世界における指導力に激しく挑戦していたために、ソ連の指導者は記憶も生ま生ましいナチのような連中であり、アメリカに対する戦争を欲し企んでいるのだと考える傾向があり、またそれゆえにソ連に対する政策は、一九三九年に戦争が勃発する以前にナチに対してとるべきであった政策のモデルと一致しなければならないという結論に飛躍する誘惑が強かったように思われる。その考え方はどちらも誤っていた。

いずれにせよ、アメリカの指導層の意見にあらわれたこの変化は、私が述べた時期——一九四九年終りから一九五〇年初めにかけて——に起こった。そしてそこから生じた最初の結果は、アメリカの軍部および政府の上層部に、日本を非武装のままにしておくことはできない——むしろアメリカは、たとえそれがソ連の賛成しない講和を日本との間で結ぶことを意味するとしても、無期限に日本に軍事力を配置しておかねばならない——という強い感情がたかまったことであった。この見解は一九五〇年初めにさまざまな方法で公的に表明されたが、その時期はちょうどアメリカが在韓米軍を大幅に削減した時期であった。これらすべてに対するソ連の直接の反応は何であったかと言えば、それは北朝鮮に対して、共産主義の支配を全朝鮮半島に拡大しようという意図をもって韓国を攻撃することを、奨励はしないにせよ、許容する姿勢をとることだったのである。もし日本が無期限にアメリカの軍事力の根拠地であり続けるとすれば、もし対日全面講和が結ばれないとすれば、またもしモスクワは日本の情勢を左右できる見込みが全くないのであれば、モスクワは、その見返りとして、アメリカがとにかくさほど関心を示しているように見えなかった朝鮮において、その軍事的・政治的地位を強化しようという気になったのである。

これが、私の見るかぎりでの朝鮮戦争の起源であり、その後のことはあなた方も知っている通りである。三年をかけ、五万四千のアメリカ軍死傷者を出したあとで、この戦争は終結したが、その結果は、戦争前にあった状況と非常によく似た朝鮮半島における手詰り状態を再現したにすぎず――そしてアメリカの介入の度合がさらに深まったのみであった。その状態は現在も続いている。

さて、このできごとについて、注意しなければならないと私が思うのは、次の諸点である。第一に、われわれがその地域の問題、とくに日本における米軍駐留に終止符を打ったであろうような、この地域の問題の政治的解決についてソ連と交渉することに何の関心ももっていなかったことである。それでは、われわれはなぜこの問題にこれほど関心がなかったのであろうか。思うに、主としてわれわれはソ連が新たな世界大戦に突入する決意を抱いていると信じて疑わなかったからであろう。これに対抗するためにわれわれは、軍事的前進基地として日本を必要としていた。しかし同時にソ連はすでに悪の体現者と同一視されていたために、国内政治の観点からすれば、悪と交渉し妥協することが善いこととは思われなかったのであろう。

私が指摘したい第二の点は、ソ連が次に北朝鮮の攻撃行動を承認――あるいは黙認――するという形で、アメリカの対日政策への反応を示した時、われわれは、アメリカが日本でとった政策と北朝鮮の共産主義者が朝鮮でとりつつあった行動との間の関連を決して認めようとせず、あるいはそれを考えることさえできなかったということである。反対に、北朝鮮の侵略が行なわれたとき、ワシントンがただちに下した結論は、この行動はナチがヨーロッパ制覇の目的で行なった最初の行動であるとしばしば考えられていた、一九三八年のミュンヘン危機に比すべきもので、ソ連の軍事力による世界征服の第一着手なのだというものであった。ボーレンと私とは、再びこの解釈に反対した。しかし二人ともそうした考えを改めさせることはほとんどできなかった。軍部の解釈が支配したのである。

さて、これらすべてのことを念頭に置いたうえで、第二次大戦後における極東の問題へのこの国のもう一つの大きな介入の議論に移らせていただきたい。それは朝鮮戦争の三年に対して二五年も続いた介入、ヴェトナム戦争である。われわれがヴェトナムの共産主義勢力(彼らは実際には何よりもナショナリストであったのだが)とみなしたものを敗北させ、その国になんらかの反共政府を確立しようとして、長期にわたり、高い代償を支払いながら、結局不成功に終った、あらゆる点で不幸だったわれわれの努力については、あなた方すべてがなんらかの記憶や知識をもっておられるはずである。明らかにこの努力は悲劇的に間違っていた。今日ではそれがアメリカの政策の大失敗だったことは明白である。そのことは今日われわれが最大の注意を払わなくてはならない二つの大きな歴史上の問題を提起する。第一は、そもそもどのようにしてわれわれはこの動乱に足を踏み入れたかという問題であり、第二は、この努力が成功しそうもないことはほとんどはじめから明らかであったのに、十年以上もその努力を続けたのはなぜかという問題である。

どちらについても、理由は複雑であり、私は複雑な状況を過度に単純化したいとは思わない。しかし次のようには言えるであろう。そもそもこの紛争に介入した理由としては、当時ワシントンに存在していた信念、すなわちソ連が世界制覇の計画の一部として、アジアの軍事的政治的征服に着手しており、東南アジアにおける自らの勢力を確立しようとするヴェトナムの共産主義者たちの活動は、そのいわゆるソ連の「計画」なるものの一部であるという信念が、重要な役割を果したのであると。

アメリカが自分自身のために創作したこのシナリオにとって基本的な点は、ホー・チ・ミンと彼の同調者はソ連の傀儡《かいらい》にすぎないし、したがって彼らによるヴェトナム制圧はソ連による征服に等しいという確信であった。ワシントンには、ヴェトナムの共産主義者がマルクス主義イデオロギーよりもナショナリスト的衝動によって動かされている可能性を信じない雰囲気があった。

右に述べた二つの前提はいずれも誤りであった。ソ連の指導者たちは世界制覇の青写真を持っていなかった。彼らの心理は第一義的には防衛的であった。当時、彼らとホー・チ・ミンとの間になんらかの関係があったとしても、ヴェトナムを支配下に収めようというホー・チ・ミンの意図はモスクワの指示とは無関係であった。今日われわれは、ソ連の東南アジアの共産主義者との結びつきが当時実際にはまだ弱く、始まったばかりのものであったことを知っている。ホー・チ・ミンは本当に第一義的にはナショナリストであって、彼の共産主義イデオロギーの言辞にもかかわらず、もしわれわれが彼にそうするよう仕向けたならば、おそらく共産圏とわが国とに対してそのどちらにも偏らない関係を維持しようとしたであろう。わが国の最高の専門家の何人かはこのことをわれわれに教えようと試みたが無駄であった。

比較的弱いあるいは小さい集団ないしは政府とある特定の大国との関係は、実際にはより複雑で、それほど邪悪なものではないにもかかわらず、特定の大国の盲目的傀儡であるかのように、かたくなに信じこむわれわれアメリカ人の傾向について、もう少し議論させていただきたい。アメリカ人には奇妙な傾向があるように私には思われる。すなわち、自分たちの目的や計画を妨げる複数の原因が存在しうることや、それら諸々の原因には相互に関連はないかもしれないことを認めず、むしろわれわれの禍いのすべての根源を、国外にある一つの邪悪な権力中枢に求めようとする傾向である。

いくつかの例をあげてお話ししよう。第一次世界大戦中アメリカ国民が感情的な愛国主義にとりつかれた時、ドイツ皇帝は不運にも、この世界のすべての悪、すべての忌むべきものの根源であるとみなされた。一九一七年にロシアで共産主義者が権力を掌握した時、彼らがまず行なったのはロシアを戦争から離脱させることであった。それはドイツにとって有利であり、したがってアメリカとしては好ましからざるものであったから、ロシア革命もまた、そのすべてがドイツ皇帝のたくらみの所産だということになった。多くの善良な人々がレーニンとその同志たちはドイツの手先として行動しているにすぎないと信じた。そしてもしこうした例を求めて今日に至るならば、有力なアメリカ人たちの中に、ニカラグアやシリアのような国の支配者が、彼らの幼稚なマルクス主義的言辞にもかかわらず、大体において独立的な政治行動者であり、彼らは彼らの利益と考えるもののために行動しているのであって、モスクワからの命令やイデオロギー上の圧力に盲従しているわけではないことを極力信じまいとする傾向を、われわれは見出す。言い換えれば、悪というものは、多くのアメリカ人の目には、常に単数の形をとって現われねばならないのである。一方善の方は、複数形で現われることを寛大にも許されているが、もちろんアメリカ人がつねに善なる勢力の中心にいるものと理解されるのである。

しかしここでヴェトナム戦争の話題に戻って、それが提起する第二の問題の議論に移らせていただきたい。すなわち、歴代の政権にとって、ヴェトナムへの介入が成功の希望のないものであることが明らかだったにもかかわらず、なぜわれわれが二〇年近くもヴェトナムに関わり続けたのかという問いである。

その答えもまた意義深いものである。

このような事態のそもそもの原因はすべて、中国内戦で中国共産党が勝利を収めた直後に始まったことにある。このような中国情勢のために、「チャイナ・ロビー」の名で知られている右翼グループの上院議員や活動家がトルーマン政権に対して、激しいあたり構わぬ非難を叫び立てていたことを思い出していただきたい。彼らは民主党政権とくに国務長官ディーン・アチソンが、当時の言葉を用いれば、「中国を失った」のであり、それは中国の共産主義者の勝利を望んでいた取巻き官僚の中の共産主義同調者に影響された結果なのだと主張したのである。

これ以上馬鹿げた議論がありえたであろうか。合衆国はこれまで一度たりとも中国を「もって」いたことはなかった。中国をもっていたことがないのであるから、失うことなどできないはずであった。中国において共産主義者の勝利を可能にした基本条件は、蔣介石政権の弱さと腐敗、そして自分で態勢を整える代りにアメリカに頼ろうとするその政権の傾向にあった。中国での共産党の勝利に関連して、アメリカ政府を非難することは馬鹿げていたばかりでなく、トルーマン、アチソン両氏に対する政治的攻撃の仕方もまた、アメリカ政治史上他に例がないほど悪辣で無責任なものであった。これらの攻撃は、まもなくマッカーシズムとして知られるようになった反共ヒステリーの高まりと実際に密接に関わっており、また事実その初期的な表われであった――この反共ヒステリーはわが国の公的生活の中で今日思い起こすとき赤面せざるを得ない不名誉なエピソードである。

今述べたヒステリー状態の情緒的背景については、まだ十分に歴史的分析がなされていないという印象を私は抱いている。しかしここで指摘したいのは、トルーマン政権ばかりでなくその次の共和党政権も同様に、このような攻撃の激しさにひるみ、こうした攻撃が議会内部および世論の相当部分にひき起こした反響の大きさにおびえて、これらの攻撃に堂々と知的な対決を挑むことを避けたという事実である。トルーマン政権は、こうした政府への攻撃の意味を党派的意図による政府批判にすぎないと解釈して、対外政策上の問題について世論をゆがめる影響力をもっていることを無視した。トルーマン政権は、これら右翼的批判者の前提にある程度の同情を表明したり、彼らのレトリックを幾分取り入れることで、彼らを懐柔しようとした。トルーマン政権の後を継いだアイゼンハワー政権も同様で、この攻撃の仕掛人たちを宥《なだ》めようとして、極東問題についての何人かの最良の専門家をいけにえにすることさえした。

その結果は恐るべきものであった。このような見境いない攻撃のくり返しは、アメリカの政治指導層に現在に至るまで影響を留めている精神的な深い傷を負わせたばかりでなく

（この問題については次の講演においてさらに詳しく述べるつもりである）、また大多数のアメリカ人の外交政策に関する理解を著しくゆがめたのである。すなわち、アメリカの外交政策は世界各地で起こる事柄についての決定要因であり、それは中国を含む世界のいずれの国においても、共産主義への同調を表明する指導者が権力を掌握することを防ぐ能力をもっている。したがってもし、それにもかかわらずいずれかの国で共産主義者が勢力を伸張した場合、その責任はつねにその時政権の座にあったアメリカ政府の側に弱気、怠慢あるいは無分別、あるいは適切な反共思想の欠如が存在したためである――マッカーシズムはこのような見方を一般の人々に抱かせたのである。各政権がこのようなけしからぬ非難に正面から対決しなかったために、それら政権はくり返し彼らの犠牲となった。その結果がヴェトナムなのであった。いずれの政権もヴェトナムにおける共産主義者の支配を防止するために努力する気がないという印象を与えるような立場を表明できるとは考えもしなかったばかりでなく、ニクソン政権にいたるまで、いずれの政権も、一旦そのような努力に着手してしまうと、それが希望のないものであることを認めざるを得なくなった時にも、「ヴェトナムを失った」という馬鹿げた非難にさらされることをおそれて、あえて介入から手を引こうとする勇気に欠けていたのである。

次回の講演では、私が今日ここで議論してきた諸事件から引き出される一般的な教訓をより詳しく論じたいと思う。今ここでは、今朝これまでに見てきた失敗は、主として、専門家による玄人外交とは別の人気取り外交ともいうべきものの失敗であるということだけを指摘しておきたい。これらの諸事件が提起した問題は二、三の選択肢の中での単純な選択に還元できる場合はほとんどない。多くの重大な外交問題の場合と同様に、相矛盾する多くの考慮が当惑するばかりに入り混じっていて、それらの問題の理解を深めるためには、多くの歴史的背景を知り、詳細な研究を必要とするのである。明らかに、そのような複雑さは、政治的演説家や新聞記者、そしてテレビ・アナウンサーが自動的にそうせざるをえない事実の過度の簡略化の中では十分に説明できるものではない。このような人々が彼ら特有の制約に直面した時、未熟なステレオタイプが洗練された分析を圧倒して流布したことも、またこのステレオタイプがあらゆる場合に、アメリカの国際的問題の説明に役立つよりむしろ国内政治上の目的のために利用されたことも驚くにあたらない。

この状況自体がこの国にとって大きな問題であると、私は確信している。これこそ簡単にせよ次回で触れたいと思っている問題である。

第二章　アメリカ外交と軍部

先週お話ししたとき指摘したように、私が何年も前にシカゴ大学で行なった講演は批判的性格のものであった。そして先週の私の話もまた同様であった。私はアメリカ外交における課題と対応との関係を明らかにしようと試みた。対応が課題に対して適切でなかったと思われる場合には、私はそのような失敗を導いた分析や概念のどこに欠陥があったかを探り当てようとした。私のこの作業があまりに批判的であったので、私は先週の講演を終えたあとで、あなた方の中には、アメリカは適切な外交を行なったことがあるのかという疑問を抱かれた方々がいるのではないかと思うようになった。

もしあなた方がこのような疑問をもたれたのであれば、そのような疑問をあなた方にもたせたのは私の責任である。しかしこの問いに対する答えは、もちろんアメリカは適切な外交をしたことがある、多くのことに適切に対応したというものである。マーシャル・プランは政治的経綸の発露というべき偉大な政策であった。二度の大戦の後、敗れた敵国に対してわれわれがとった概して非懲罰的な政策は、アメリカ外交の得点の方に数えてよい。対外経済援助政策の中には、多くの有用なものがあったことも確かであると思う。世界各地の地震、洪水、あるいは飢饉の際にアメリカが有効で寛大な援助の手を伸べたたくさんの事例がある。その一例は一九二〇年と一九二一年にロシアで行なった飢饉救済活動であった。また私がアメリカの大使としてユーゴスラヴィアに駐在していた一九六三年に、スコピエ地震の犠牲者の救助のために、ドイツ駐留米軍から派遣された野戦病院部隊の迅速で能率的な活躍ぶりに誇りを覚えたことを私はよく記憶している。

また、われわれが愚かな行為を犯すおそれがあったけれども、しかし賢明にも思いとどまった場合も、数多くあった。そのような場合については、その時々の当事者であったアメリカの政治家が賞讃されることはほとんどないが、彼らの決断は大いに賞讃に値するものなのである。このようにアメリカ外交の記録は失敗ばかりの記録とは遠く隔たったものである。アメリカ外交の成績を平均すれば、結局それは恥ずべきものではない。世界の他の諸国の人々は、もし一つの世界的強国が過去三世紀の間にこの恵まれた北アメリカ地域に興隆せざるを得なかったのであれば(それは避けられないものであったろう)、それがこの国のように平和的で寛大な心をもった国であったことを感謝してもよいのである。われわれが独立以来、周囲の世界に対してとった加害行為は、一般的に言って、われわれの側に他国を傷つけ、あるいは制圧しようという欲望があったためではなく、高貴な姿勢を打ち出すことで、自ら感銘を覚えようという意図から生じたものであった。しかし当然ながら自分の美徳より欠点について思いめぐらす方が人間個人にとって有用であるのと同じように、国家という社会もまた成功よりも失敗からより多くの学ぶべきものをもっていると私は思う。失敗についての反省からは謙虚さが生まれるのであり――そして謙虚さこそアメリカがより多く役立てることのできるものなのである。過去の成功について考えることはおとし穴に陥るうぬぼれをあまりにも導きやすい。そのようなわけで、私は皆さんの忍耐に訴えて、われわれの思考のどこに欠陥があり、われわれがどこで誤りを犯したかについて、さらに二、三の例によって述べたいと思う。

私が今までに述べた事柄を振り返ると、シカゴ講演でも先週の講演においても、主として非西洋世界に関するアメリカの外交政策について語っていたことに気付く。しかし一九五〇年に論じたできごと――第二次世界大戦前のもの――と先週私が扱ったできごととは非常に異なっている。米西戦争の場合、対外強硬論と劇的な軍事的功績への渇望が重要な役割を果したけれども、シカゴでの講演で注意を喚起した過ちの多くは私がいま言及した類のもの、すなわちアメリカ側のある種の道徳家的・法律家的姿勢――われわれが実際より賢明であり、より高貴であるようにとくに自分に信じさせたいという願望――の生みだす過ちだったのである。一方、朝鮮およびヴェトナムに対する政策の場合には、それ以上にさらに深刻なものが含まれていた。すなわちわれわれは、この共和国の誕生以来出逢ったことがなかった強大で恐ろしい冷酷な敵、われわれを滅亡させようと堅く決意しており、われわれの国の只中においてさえわれわれに大きな損害を与えられる手段を掌中にしている敵に、直面しているのだという印象を抱いたのである。このような思い込みのために、われわれはそれと比較すればかつてのむしろ幼稚な姿勢と気取りとが無邪気で無害なものに見えるほどの恐怖、憤り、反撥、過剰反撥、そして誘惑をさえ感じたのである。

そしてこのことはもちろん第二次世界大戦後の時代の現実の一大特徴となった難しい状況――すなわち大戦が終結した時、近代世界の伝統的な諸強国のうち二国を除くすべてが二級の軍事国家に転落し、その二国が米ソであったという事実――に関連している。これら二大強国の間には、かつては他の強国が地理的に介在していたため、両者は軍事的には互いに遠く隔たっていた。第二次世界大戦によってこの隔たりは除去され、その結果、両国の軍事力はヨーロッパ中央部と太平洋北部で相接することになった。その両国の間には、以前に存在したような、両国が持っているなんらかの深刻な政治的相違から生じる衝撃を緩和するものは、何もなかった。この事態に加えて、核兵器の両国の兵器庫への導入という前例のない、また極度に攪乱的な要因が加えられた。核兵器はその運搬手段と結びつき、いわゆる超大国の双方に、相手の中心部に到達し、予想できないが明らかに恐るべき規模の損害を与えることができる能力を与えたのである。その結果、米ソ両国は事実上、互いに相手の人質となったのである。このような事態がアメリカの政治家に提起した課題は、わが国の経験にも他のどの国の経験にも前例のない危険、この全く新しく、前代未聞の危険にどのように対処すべきかという問題であった。

このような状況においては、対応に誤りがあったとしても、それは驚くに当らない。誤りを犯したのは、もちろんわが国の方ばかりでなく、ソ連側もまた同様であった。この事態はわれわれにとってと同様に、ソ連にとっても異常であり、対応に惑わざるをえないものであった。また、今提議しているように、私はアメリカの誤りを検討するのであるが、それだからといって私がモスクワの指導者が犯した誤りについて忘れているなどと誤解しないでいただきたい。また、わが国の対応がすべて誤りであったと考えているとは思わないでいただきたい。この場合もまた、疑いもなく、多くの必要な、熟慮され、また建設的な処置がとられた。

それでも、私の信ずるところでは、わが方に誤りがあ<u>った</u>のであり、しかもそれらは深刻な誤りだったのである。そしてそれらの誤りのいくつかは今日に至るまで、アメリカの外交政策を歪め狂わせており、そのためにわが国のみならず世界の他の国々にとって大きな危険をもたらしている以上、それらについて語らざるを得ないのである。

誤りの種類の一つは、最初の講演で指摘したものである。それらはソ連指導者が実際に抱いていない目的と意図をもっているかのように考えることである。それはまた、ソ連指導者はヒトラーやその協力者と全く同じであり、同じような軍事的侵略への渇望を抱いている、したがってヒトラーに対して有効だったのと同じ方法だけが彼らに対しても効果的であろうとする結論に飛躍する誤った傾向である。

このような傾向は、第二次世界大戦の終結時に、ソ連がアメリカの行なった規模に匹敵する軍備縮小をしなかった事実によって助長されることになった。ソ連は西側に置かれている兵力に比べてはるかに大規模な地上兵力を東欧および中欧に残していた。ロシア人は彼らが占領した東欧、中欧諸国の諸国民に対して無慈悲さと残忍さとをもって振舞うことにより、すべての人々を恐れおののかせた。彼らはわれわれとの交渉において、率直さを欠き秘密主義的であったし、西欧の直接的支配を狙わないとしても、政治的影響力や政治的権威のさまざまな方策を用いて、できるかぎり西欧の奥深くまでソ連の支配的影響力を拡大しようと望んでいた——そしてそれは西欧諸国民自身の自由の犠牲においてであった。私が今語っている時代は、まだいぜんとして、スターリン時代であった。

たしかにこれらすべてのことは、クレムリン内のソ連指導者の側のアメリカに対する非友好的感情の証拠であった。それらはわが国と西欧諸国とがヨーロッパ大陸および世界の他の地域で影響力と、そして実際、権力とを争う強大で真剣な競争者をもっている証拠でもあった。しかしそれらはソ連がもう一度戦争を望んでいたことを証明するものではなく、ソ連の指導者が影響力を拡げるためにソ連軍をもって西欧あるいは日本に対してなんらかの全面攻撃を仕掛けることを計画していたことの証明でもなかった。しかしソ連はそういう国であるというのがわれわれの飛躍した結論だったのであり、その結果は甚大な影響を及ぼしたのである。

われわれが戦後犯した第二の大きな誤りは、核兵器を軍備態勢の主柱として採用したことであり、また戦後の軍事的政治的優越を確立する上で核兵器に信頼を置いたことに関わるものであった。われわれは兵器の有効性をその破壊力――単に敵国の軍事力のみならずその国民と非軍事面の経済とを破壊する力――に比例するという考えを支持するという初歩的な失策を犯した。アメリカは、戦争の目的は最大限でなく最小限の全般的破壊によって政治的成果をあげることであり、またそうあらねばならないということ、また適正な兵器とは破壊的であるだけでなく対象を識別できるものでなければならないということを忘れていた。何よりもまず、アメリカは、核兵器が長期的に、その破壊力そのものに加えて、他国もその開発を行なうのはきわめて確実であるためばかりでなく、またそれが環境に及ぼすであろう破壊的効果のゆえに、自殺的兵器以上の何ものでもありえないという有力な証拠を考慮するのを怠った。またわが国は、私の意見では、合理的軍事目的にとっては自殺的でもあり、不適切でもある兵器との関わりによって、世界がこれまで知らなかったようなもっとも危険で運命的な軍備競争に、国際社会の大きな部分を引き込んだことについて責任の大きな分け前を背負いこんだのである。

私の見るところ、この戦後期を特徴づけるものとなった、われわれの思想のみならずわれわれの生活全体の極度の軍事化は、これら二つの大きな誤りから生じたのである。そしてこのような軍事化こそ、アメリカの外交政策のみならずアメリカ社会自体に深い影響を与えたのであり、それは私や他の多くの人々が、アメリカ国民経済の重大な歪みとみなすにいたった事態を生み出したのである。われわれは兵器の生産と輸出とのために、また巨大軍事組織の維持のために、国民所得の大きな部分を毎年費やすことに自らを慣らさねばならなかった——それらの目的はわれわれの真の生産能力になんら寄与するものではなく、もしそうでなければ生産的投資に向けられたはずの何百億ドルもの資金をわれわれから奪ったのである。その上この習慣は、いまや私が国民全体の中毒症状とあえて呼ぶほどの状況に立ち至っている。今やわれわれは最も深刻な禁断症状なしにこの習慣から自らを切り離すことはできなくなった。軍務に服している何百万という人々に加えて、他の何百万という人々が軍産複合体制から生活の資を得るのが常態になってしまった。労働組合や地域社会にまでは言及しないとしても、何千という会社がそれに依存するようになった。これがわれわれの経済にとって著しい不安定な要因である財政赤字の主要な原因となっているのである。緊密でもっとも不健康な癒着関係が兵器を生産販売する者とワシントンでそれを購入する者との間に形成されてきた。言い換えれば、われわれは平時において巨大軍事組織を維持することを、また他の諸国への膨大な量の兵器を輸出することを利益とする巨大な既成勢力——別言すれば冷戦の継続を利益とする大規模な既成勢力——を創り出した。われわれは自らをこの不快な国民的慣行に依存させてきたのであり、もしその慣行を正当化する理由となるロシア人が存在せず、彼らの不当な行為とされるものが存在しないとすれば、われわれは彼らに代るなんらかの敵対者を発明しなければならないと言ってもさして不当ではないほどである。

こうした状況は、軍事支出に伴う不必要な浪費によって、実に多くの軍備の重複をもたらしている陸海空三軍の間の競争によって、経費と効果に関してわれわれが軍事経済と非軍事経済とに対して適用する異なった基準によって、そして連邦議会が軍事支出に適用する価値基準と非軍事支出に適用するそれとの間の一貫した関連性の欠如によって、一層悪化している。われわれの中でこの軍産複合体の中に組み込まれていない者も、比喩的な意味で、何世紀か前ヨーロッパの軍隊の後について移動しながら、軍隊には比較的豊富だった食物や衣類などのおこぼれを拾っていた人々にも似た、「軍隊を追いかけて行く人々［キャンプ・フォロウァーズ］から成る国民」になり下る危険があるように、時として私には思われる。

この現象がわれわれの生活を国内において歪めるとき、それは再び、アメリカの外交政策にはねかえり、悪影響を及ぼす。かくも巨大な軍事経済は正当化を常に必要とするために、またそれは――議会の歳出割当てをめぐる陸海空三軍相互間のすさまじい競争によって拍車をかけられたために――軍事的潜在仮想敵国の存在をほとんど自動的組織的に誇張するようになり、それによってその仮想敵国への猜疑心と恐怖とそれに向けられた敵意とを国民の間に高めることになる。最近何年間かわが政府のある方面から出されたソ連の推定軍事支出についての資料は、まことに恥知らずなほど偏向しており、誤解を導く統計操作の最たるものの一つであったことを思い出すことができる。そしてこの事態すべての中で最悪の点は、国外の政治的挑戦の真の重要性をあいまいにし、不明確にすることである。このようにして、われわれの行動のどれほどがソ連からつきつけられている問題に対しての正当な反応であるか、どれほどがわれわれ自身の軍産複合体に毒されている結果なのかを認識することは不可能になっている。

私がこのようなことをお話ししているのは、われわれの上にしだいにひろがってきた冷戦観の大々的な軍事化がこの国にとって外的危険であるばかりでなく、われわれの社会の大部分がほとんど絶望的といえるほど浸りきっている極度に有害な習慣という形で現われた内的危険でもあることを、明確にしたいとひたすら思うからである。またこの事態の場合も、そのほとんどは、私が今まさに注意を喚起した分析上の二大欠陥に原因を求めることができる。その一つはソ連の拡大政策と拡大意図の性格に関する誤りであり、他はアメリカが自国の軍事政策の重要な役割を核兵器や他の大量殺戮兵器に託したとき、アメリカ自体および世界の他のほとんどの国々を追い込むかもしれない恐るべき危険な袋小路を見きわめることに失敗した点に関わるものである。

それでは、ここでの講演の中で、そして以前シカゴで行なった講演の中で言及した所見に基づいて私が到達した主な結論を総括してみよう。

われわれはアメリカ外交の多種多様な過ちが二〇世紀全般にわたって現われている有様を見てきた。第二次世界大戦前にさかのぼれば、それらは主として近代ナショナリズムの頑固でむこうみずな力に心を奪われ、さらに、わが国を急速に主要大国の地位に押し上げたわれわれ自身の増大する強さについての意識によって冷静さを失った、若く、いささか無邪気な国民の犯した過ちであった。その頃のアメリカは自分の力を知りはじめ、それを用いたいと願うが、そのためには何が最善かを認識するほど成熟していない青年の、比較的害のない移り気にも似た気質によって影響されていた。

第二次世界大戦以来全く異なった状況が出現した。われわれは、国民として、全く異なった試練に直面した——すなわち全く異なった種類の課題に対処せねばならず、それらのいくつかはいずれの国の政治家もこれまで直面したことのない大きな責任を含んでいた。

私が思うには、われわれはこれらの状況に内在するさまざまな挑戦に、時には他のどの国もそれ以上適切に対応できなかったであろうと思われるほど、適切に対応した。しかし他の場合は、これまでの講演から御理解下さったことと願っているが、われわれは適切に対応できなかったのである。そしてアメリカが適切に対応できなかった場合を観察し、その失敗の明白な理由を求めようとするなら、それらを結びつけることによってこの国の最大の難問を解決できる鍵となる二つの要因を見出すことができよう。

アメリカが最もしばしば、そして深刻な形で陥った過ちの例は、すべて軍事的問題に関連しているものであるように見える。時には、世界の他の地域の状況の分析における過ちもあった。われわれは政治的要因をなおざりにして軍事的要因を誇張する傾向があり、結果としてわれわれの対応を過大に軍事的なものにしてしまう。時には両大戦の場合のように、アメリカ自体の軍事的潜在能力をいかに用いるかの問題、その能力をいついかなる方法で動員するか、次にそれが動員された場合、軍事的に動員された部分を国民生活の非軍事面とどのように関連づけるかが問題であった。そしてさらに時には、核兵器の場合のように、問題は現代的兵器の使用の可能性について、またこの現代の大工業国間の戦争という手段の行使そのものについて熟慮する能力がわれわれにあるのか、あるいはその能力に欠けているのかという点にあった。しかしいずれの場合も、われわれをつまずかせてきたのは軍事的要因であった。

それについて考えてみるならば、とくに驚くには当らないことがわかる。アメリカは軍事的戦略について、あるいは国民生活の構造の中の軍事力の位置について、伝統的な観念をもたない国である。われわれ内部の戦争だった南北戦争を除けば――この戦争は全く異質な戦争であり、異なった目的のために戦われたものであった――、わが国が現代の軍事力の使用に関わり合ったのは、今世紀の二つの大戦という、混乱していて戦争についてある程度誤解を生むような経験にほとんど限られていた。両大戦はともに無条件降伏という形で終結したために、戦争の目的というものは全く邪悪で非人間的であるとみなされる外部の敵を相手として、相互の利益になる妥協をもたらすことでなく、その敵の力と意志を完全に破壊することであるという見解をわれわれに持たせてしまった。両大戦、とくに第二次世界大戦の場合、戦争行為は敵の軍隊に対してのみ行なわれるべきであって、無防備の一般市民に対してなされてはならないという従来の戦争のやり方の原則から、われわれはしだいに離れるに至った。また今日直面しているような恐るべき困惑した事態に立ちいたった原因は、われわれが兵員のみならず一般市民に対しても攻撃を加える慣行を全面的に承認したために、とくに第二次世界大戦中、いわゆる地域爆撃を採用したために、もたらされたのである。われわれは今、ついに、このような慣行に従うことはその論理的帰結として自分自身のみならず、おそらく文明そのものを破壊することであると認めざるを得なくなっている。言い換えれば、われわれは自らを危険な袋小路に追い込んでしまった。そしてわれわれがこの恐るべき罠から逃れようとしている今、軍事力行使に代る頼るべき有効な理論を持たないことがわれわれにもしだいに明らかになってきた。これらの二つの過ち——無条件降伏方針の採用と一般市民大量殺戮の採用——によってわれわれは深い迷路に入りこんだのである。

またわれわれにとって軍事的問題をアメリカ社会の内部的問題に関連づけるのが難しいのは驚くべきことではない。アメリカは平和時に常備軍を維持する伝統をもったことは一度もなかった。アメリカは常備軍の維持という慣行を、教育、市民としての訓練、人的資源利用に関するアメリカ社会の他の習慣と必要とにいかに適合させるかを学んだことは一度もなかった。さらに悪いことに、われわれは名目的には平和な時に大規模な軍事組織を維持するために必要とされる産業上、経済上の努力をアメリカ社会の他の過程に関連づけるためのなんらかの合理性の高い方策を見出していないのである。

このような混迷からして、当然ながら、国家的政策における最大の誤りは軍事的要因が最も深く関わっているところで起きているように思われる。

しかし、私はこの混迷がアメリカの政治制度の形態の根本的な特徴によってさらに助長されているのではないかという疑問を抱いている。それについてはまず、アメリカの政治家の国内政治向け自己意識と呼ぶべきものについて考えてみたいと思う。私はこの言葉を、政治家が外交政策問題について語りあるいは行動する際、彼の言動がアメリカの対外関係に与える実際の効果についてよりも、それらが国内政治に与える効果により深い関心を抱く傾向を指すものとして用いている。このような傾向から見ると、ある声明が出され、あるいはある行動がとられたとき、たとえそれが対外的効果の点では全く効力がなく、あるいは有害なものであっても、もし自国内でその言動が訴えようとする特定の国内諸グループによって歓迎されるなら、それらはワシントンにおいては成功と評価されるであろう。もしこの傾向が極端まで推し進められると、アメリカ外交はアメリカ政治の視聴者の前で演じられる演技の連続に堕してしまう傾向があり、このような態度がアメリカの対外関係に及ぼす衝撃に対しては、単に二次的な配慮だけが払われることになる。

このような状況は新しいものではない。一五〇年前にこの効果について書かれたトクヴィルの言葉を思い起こすだけで十分であろう。「対外的問題についてあいまいな、あるいは誤った見解を抱く傾向、また純粋に国内的配慮に基づいて外交政策問題を決定する傾向は、民主主義の本質から生ずる場合が非常に多い」と彼は述べた。このことは、根本的には、きわめて当然である。いずれの国のいずれの政治家にしても、外交に際して国内世論になんらかの関心を払わねばならない。しかしこの傾向はアメリカでは他のいずれの国よりも極端に現れているように思われる。おそらく、アメリカの政治家が呼びかけるべき選出母体の性格によってもある程度この状況を理解することができよう。ヨーロッパの議会制度においては、選出母体とは通常議会を意味する——なぜなら、内閣はもし議会での支持を失うなら権力の座を下りねばならぬ可能性があるからである。わが国では、不幸にも、選出母体とは特に積極的で騒々しい少数派、あるいはロビイストから成っているといっても過言ではない。いくつかの奇妙な理由で、彼らは好戦的で愛国主義的な側に加担することが多いようであるが、その理由の一つには、彼らがアメリカ政府に、軍事的にせよあるいは他の手段にせよ支持させたいと望む特定の国、あるいは特定の民族集団が海外に存在するためであり、あるいはまた彼らは自分たちの党派的目的を推進する手段として自分たちを愛国的象徴で飾り、あるいは対外強硬論の鐘を打ち鳴らすのを好むからである。先週の講演でも述べたように、アメリカの行政府は、主として愛国心が欠如していると非難されることによって防禦的立場に立たされることを恐れるために、この種の威嚇に特に敏感であるように見える。そしてそのような傾向の結果については、アメリカのヴェトナムあるいはレバノンのような第三世界への政策との関連において、また軍備管理の問題および二大軍事強国間の関係との関連において、すでに注目する機会があった。

もし今私が述べたことになんらかの意義があるとしても、それはトクヴィルをはじめとする多くの賢明な研究者が指摘してきた事実、すなわち、アメリカの政治制度は多くの点で、世界の指導力掌握を目指す大国として外交政策を行なうためには、適切にできていないという事実を再確認するに過ぎない。いずれにせよ、私はこれが事実であると確信しており、また近年の新しい情況の推移のゆえにトクヴィルでさえ予見できなかった欠陥がさらに現われるようになったと考えている。

われわれはこの問題にいかに取り組むべきであろうか。われわれの政府組織の以上のような特質がわれわれが生きている間に改善されてゆくと期待する、あるいは希望するのは、自分たちの無知を示すに過ぎない。そのような欠陥を急激に改善しようと試みるのは百害あって一利なしと言えよう。多くの点で、それらはわれわれが讃美してやまない自由という偉大な貨幣の裏面なのである。その意味において、私はアメリカがそれについて恥ずる理由はないと思っている。もしこのような欠点をすべて含んだこの国の政治制度が、フロリダからアラスカへ、メインからハワイへと拡がり、しかも多種多様な民族的・文化的背景をもつ少数者集団を包含するこの膨大な人口を擁する国民にとって、各自の自由を犠牲にすることなく統治され得る唯一の方法であるならば、それはそのままにするより仕方がない。そしてたとえ不完全でも、ともかくもそのような統治の可能性が存在すること自体に感謝の念を抱こうではないか。

しかしここに述べたような現実に直面してわれわれがなし得る唯一の事柄は、野心的かつ影響力ある外交政策を実現するためには、わが国の政治制度が、これまで述べてきたように、適切ではないという事実を現実的に把握することであり、いずれの介入、責任を引き受け、いずれを拒否することがわれわれにとって賢明であるかを決定する時、以上のような限界を念頭に置くことである。明らかに、アメリカがすでに引き受けている数多くの責任の中には非常に重要なものが含まれている——たとえばNATOや日本に対する義務は、近い将来放棄することはできない重大な責任の例を示している。ただ、わが国のみならず世界の多くの国々の平和と安全は、われわれがそれらの責任をいかに果すかにかかっているとを認識し、また歴代のアメリカ政府がもたざるを得ない党派的な政治利害からできるかぎりそれらの責任を切り離しつつ、最善を尽してそれを果そうとするのみである。しかし今後新たな責任を受ける時には、遅きに失したとはいえ、わが国の能力には限界があり、われわれの自由のために支払うべき代価があることを固く心にとめようではないか。世界にはアメリカが解決し得ない問題、アメリカがその深みに足を踏み入れるのは有益でもなく、有効でもない問題があり、地球上の他の地域にはアメリカの介入なしに解決する道が模索されるべき難問が存在することを認めようではないか。

今述べたことは、われわれの祖父や曾祖父が培っていた類の完全な孤立主義への復帰を唱えるものではない。これは、そう言わせていただけるなら、一つの要請であって、それはただ、われわれが国民として対外態度により多くの謙虚さをもつことを、一つの政治団体としてのわが国の限界をより現実的に認識し、それによって、これまで数十年間わが国の海岸から遠く離れた地域の複雑な状況に介入した際にわれわれが示してきた以上の、より大きな抑制をもって行動することを、要請するにすぎない。さらにこれは異なる国々の国民の間の相互作用においては、個人の間の相互作用と全く同様に、とやかく説教するよりは実例をもって範を示す方がはるかに効果があることを、そして現在アメリカ合衆国が世界に示している実例はそうあるべきであり、またありうるはずのものからはるかに劣ったものであることを、わが国民が心に留めるようにと訴えるものである。国境の外にある世界に向って、われわれが犯罪と貧困と腐敗、麻薬とポルノグラフィに対処することを学んだ国であることを示そうではないか。われわれが今日その中に組み入れられている電子工学的な情報伝達手段の革命と取り組み、テレビ・メディアが知性を衰退させ、矮小化し、冒瀆するような番組をあまりにしばしば撒き散らしている今日の状況を改善し、テレビ・メディアを国民の知的精神的向上に役立てるようにする能力があることを証明しようではないか。これらのことに、そしてこれに類することに着手しよう。そうすれば国境を越えた世界にアメリカの影響力を感じさせるために、二万七千の核弾頭と二五〇〇億ドルを超える軍事予算とを必要とはしなくなるであろう。

このことを述べたところで、私は、あなた方が辛抱強く聴いて下さったことを感謝しつつ、多くの高度に複雑な問題についての一老人の意見をこれ以上くどくどお話ししないことにして私の講演を終りたいと思う。

訳者あとがき

本書の著者ジョージ・F・ケナンは一九〇四年二月ウィスコンシン州の生まれ、二〇〇〇年の今年は九六歳になる。ケナンの名が国際的に広く知られるようになったのは、本書第二部に収められた論文「ソヴェトの行動の源泉」によってであった。一九四七年六月末、外交評論誌『フォーリン・アフェアーズ』七月号に「X」という匿名で発表されたこの論文の筆者が、数カ月前に国務省の新設ポスト、政策企画室長に任命されたばかりのケナンであることがまもなく判ると、彼はワシントンの対外政策形成の中枢にある人物として脚光を浴び、彼がこの論文で用いた「封じ込め政策」という言葉は、トルーマン政権の対ソ政策の基本的性格を表わす言葉として広く用いられるようになった。

ケナンは一九二五年プリンストン大学を卒業後、国務省に入り、ソ連の専門家としての訓練を受けた。一九三三年に米ソ国交が樹立されると、当時としては数少ないソ連事情に通じた外交官の一人としてモスクワに赴き、それ以来一九四六年まで三回にわたり約七年をモスクワの大使館で過ごした。彼は一九四六年二月、代理大使としてモスクワ在勤中、異例の長文電報をワシントンに送り、その中で詳細なソ連論を展開した。この電報はソ連の行動に失望し始めていたワシントンの政府高官の間で読まれ、彼らのソ連観に大きな影響を与えたといわれる。ケナンが翌年ジョージ・マーシャル国務長官により政策企画室長の地位に任命されたのも、長文電報によって彼がトルーマン政権首脳部から注目されるようになっていたからである。

一九四七年春の間、政策企画室長としてマーシャル計画の発表など新たな対欧政策の立案に力を注いだケナンは、前年の長文電報をもとにして、ソ連の対外行動の性格とその対応策を論じる「X論文」を執筆し、それを外交評論誌に掲載することで、世論の啓蒙を狙ったのである。

ただし、この論文は、彼が後に自ら悔んだように、彼の封じ込め政策の理念を十分説明してはいなかった。彼はソ連が平和で安定した世界の利益を侵食する徴候を示すならば「どこであろうと」断乎たる「対抗力」を用いるべきことを主張した。その対抗力について説明がなかったから、それは主として軍事力を意味するかのように思われ、ソ連周辺のいたるところで軍事力を行使する用意を整えることを提唱しているのだとも誤解された。そのような誤解に基づいて、この論文を鋭く批判したのは著名なコラムニストのウォルター・リップマンであった(彼の関連コラムは Walter Lippmann, *The Cold War* (1972) に収録されている)。彼はソ連周辺のいたるところで軍事力をもってソ連の膨脹を封じようとすることは必要でもなければ可能でもないと論じ、また封じ込め政策が対ソ外交の断念であることを批判した。しかし、ケナン自身、ソ連から軍事的脅威があるとは考えていなかったのであり、彼が考えていたのは、「政治的脅威に対する政治的対抗手段」、たとえばマーシャル計画のような方策だったのである。そしてまた、彼はソ連の政治的影響力の増大をあらゆる地域において防がなければならないと考えていたわけではなく、彼が最も重視していたのは西欧や日本のような先進工業地域であった。それゆえ、彼は中国内戦における共産党の勝利を防ぐためにアメリカの力を注ぎこむことには反対であったし、また日本に関しても、経済復興と政治的安定を重視したが、日本の再軍備や日本での基地の保持には消極的であった。西欧についても、軍事的脅威はないと考えていたので、北大西洋条約にも西欧諸国民に心理的安心感を与えるという点で意味を認めただけであった。彼はまたソ連との意味ある外交交渉が長期的に不可能だと考えていたわけではなかった。一九四八年の間に、彼はドイツからの相互撤退による中立的統一ドイツの形成のために、西側三国とソ連とが交渉を始めるべきだと考えるようになったのである。

右に述べたようなケナンの考え方は、後に彼が回顧録の中で詳しく記したところであるが、それは今日では公開されている政策企画室文書によっても明らかである。彼が用いた

「封じ込め」すなわち containment という言葉も「中に入れておく」「せきとめておく」という意味の語であって、日本語訳の「封じ込める」が与える強圧的な感じはない。「封じ込め」が適訳ではないということはしばしば指摘されたけれども、すでに定訳となっているので、本書でもこの訳語を変えることはしなかった。

ケナンがアメリカの対外政策の形成に大きな役割を果したのは、トルーマン大統領の信頼が厚いジョージ・マーシャルが国務長官に在職し、ケナンを重用した一九四七年、四八年の二年間である。四九年にディーン・アチソンが国務長官になってからは、ケナンの影響力は低下した。それはアチソンの国務省運営の仕方が違ったからばかりでなく、ケナンの対欧政策などについての考えが国務省内で少数意見になっていったからであろう。おそらくそのことを意識したために、彼は国務省から休暇を得て、プリンストン高等研究所(プリンストン大学とは別箇の組織)で外交史の研究に従事することにした。*American Diplomacy : 1900–1950* (1951) (邦訳、『アメリカ外交五〇年』岩波書店)の第一部は、その年の冬、シカゴ大学へ招かれて行なった一連の講演がもとになっている。

『アメリカ外交五〇年』は、米西戦争から第二次大戦に至るアメリカ外交を論じて、現実的感覚を欠いた「法律家的・道徳家的アプローチ」の誤りを批判した。本書はハンス・モーゲンソーの著作 Hans Morgenthau, *In Defense of the National Interest* (1951) とともに、アメリカ外交の伝統における現実主義の欠如を批判した二つの重要な著述として、アメリカにおける外交論議とアメリカ外交史研究に大きな影響を及ぼした。何人もの政治学者や歴史学者がケナンの問題提起を受けて議論を展開し、またケナンの問題意識に基づいた事例研究を発表した。

ケナンは二年近くの休暇期間の後、一九五二年五月駐ソ大使としてモスクワに赴任した。しかしトルーマン政権は当時ソ連と実質的な外交交渉を行なう気がなかったので、ケナンは大使として腕の振るいようがなかった。一方クレムリンも彼を好まず、半年後には彼がロンドンに出張した際、記者団への発言内容を理由に「好ましからざる人物」として彼の帰任を拒否した。政権交替で五三年に国務長官となったジョン・フォスター・ダレスは彼に新しい地位を与えず、彼は失意の中に国務省を退くこととなった。しかし、このことは彼がプリンストン高等研究所の正規のメンバー(一九五六年から七四年まで教授、現在は名誉教授)として学究的生活を送ることを可能にしたのである。ロシア革命期の米ソ関係に関する大著 *Russia Leaves the War* (1956) と *The Decision to Intervene* (1958) は五〇年代の研究生活の中で書かれた。

この間、ケナンは一九五七年秋にオックスフォード大学で講義する傍ら、BBC放送を通じて対ソ政策に関連して連続講演を行ない、中欧からの兵力引離しと軍備を制限された統一ドイツの形成を提唱し、また核兵器の軍拡競争の防止の必要、核兵器を防衛体制の基礎とすることの危険性について強調した。彼の放送講演はイギリスのみならず、西側諸国で大きな反響をよんだ。けれども、この時までには西ドイツをNATOの一国として再武装させることがすでに進行しており、アメリカでも、西欧でも、彼の考えを支持する考えは少なかった。核兵器制限についても、ソ連がICBMを開発した時期であり、制限の道を模索するための適当な時期であったが、アメリカの政策はそのような模索へとは向かわず、むしろ次第に核兵器開発競争へと向かうのである。

一九六〇年の大統領選挙で当選したジョン・F・ケネディは軍事力の強化を推進する一方、ソ連との外交交渉を通じての緊張の緩和を目指すことを重視した。そして共産圏への現実的外交展開の一布石として、ケナンを駐ユーゴスラヴィア大使に任命した。ケナンは六一年から六三年七月まで在任するが、共産主義国であるとはいえ独自の中立路線をとるユーゴに対しても、共産主義国であるゆえに援助の供与に反対し通商上の最恵国待遇供与にも反対する議会の態度に失望し、大使を辞任するに至るのである。

ケナンは再び研究と著作の生活に戻り、回顧録 *Memoirs: 1925-1950* (1967) と *Memoirs: 1950-1963* (1972) (邦訳、『ジョージ・F・ケナン回顧録』上・下、読売新聞社) の執筆にとりかかった。彼の回顧録は現代国際政治史の研究のための基本的文献の一つとなっているが、一外交官の自伝的著作としても興味深い読物である。

その間、一九六四年五月には、ケナンは国際文化会館の招待を受けて来日し、四週間滞在して、いくつかの講演やセミナーを行なった。その時の講演は翌年『アメリカ外交の基本問題』として岩波書店から刊行されている。

彼が学究生活に戻ってまもなく、アメリカはヴェトナムへの軍事介入を本格化し、ヴェトナム戦争に対する批判や抗議が次第に高まっていった。ケナンはハンス・モーゲンソーとともに、左翼的立場に立たない戦争政策批判者の代表であった。ケナンは、ヴェトナム戦争はアメリカの国益にとって不必要で、むしろ有害な過剰介入であり、そのような軍事行動は道徳的でもなければ現実的でもないと論じた。従来から、世界のいたるところに介入するというグローバリズムに批判的だった彼が、ヴェトナム戦争への深入りに強く反撥したのは当然であった。この戦争以後、とくに彼はアメリカの軍事的責任を限定すべきことを強調するようになった。一九七八年に書かれた *The Cloud of Danger*（邦訳、『危険な雲』朝日イブニングニュース社）は、アメリカの取るべき対外政策を包括的に論じた著作であるが、この中で彼はアメリカが防衛すべき地域は西欧と日本、それに軍隊を派遣しないという条件でイスラエルに限定すべきだと主張した。彼は一九七〇年代末から八〇年代初めにかけて、再び緊張が増大した米ソ関係とやむことのない核兵器競争の危険とを憂えるいくつもの論文を発表し、それらの論文はそれより前に書かれた論文とともに、*The Nuclear Delusion*(1983)(邦訳『核の迷妄』社会思想社)にまとめられた。かつて対ソ封じ込め政策の提唱者であったケナンは、核兵器使用に依存する防衛政策、軍事偏重の対外政策、脅威を過大視する対ソ政策の批判者として知られるようになったのである。彼の立場は一見変化したようにみえるが、しかし、彼が国務省政策企画室長として書いた現状分析や政策提言をみるならば、彼の思考には一つの一貫性があるといえよう。

ケナンはそのような政策論を展開する一方で、ヨーロッパ外交史の研究を進め、第一次世界大戦前の露仏同盟に関連する二つの著作、*The Decline of Bismarck's European Order*(1979)と*The Fateful Alliance*(1984)を刊行している。なお、この訳者あとがきで言及したのは、彼の著作のすべてではない。このほかにもいくつもの著作・論文がある。もっとも新しいものは*At a Century's Ending : Reflections, 1982—1995*(1996)である。

ケナンが一九五〇年代以来、論じてきたことは、本書増補版の第三部に収められた二つの講演の中に凝縮して表明されている。これら二つの講演は主として第二次大戦以降のアメリカ外交を論じており、したがって旧版に付けられていた副題「一九〇〇—一九五〇年」は増補版からは無くなっている。しかし訳書は『アメリカ外交五〇年』の名で知られてきたので、この増補版の訳書でも、題を変えることはしなかった。彼は増補版への新しい序文の中で「今世紀の最初の五〇年間のアメリカの外交も、また一九五〇年以来われわれを悩ましてきた非常に異質な問題へのアメリカの反応も、ともにそれぞれの時期の個々の対応を超えた、より根本的な現実を反映している」と述べ、そして「その現実とは、軍事的な力を政治的政策に関連づけるための、一般的に受け入れられ、長続きするような理念の欠如であり、他国との関係において、現実的でそして切実な必要となっている成果を達成することよりも、むしろわれわれ自身についての自己満足的イメージを増幅させるために、他の国々に対する政策を形成しようとする相変らずの傾向である」と論じている。これはアメリカ外交の歴史的欠陥の指摘であるとともに、彼のアメリカ外交論を一貫する観点を示すものである。

本書は、増補版の序文や第三部でケナン自身が述べているように、アメリカの大学のアメリカ外交史や国際関係論の教材として広く用いられ、繰り返し増刷されてきた。本書はアメリカ外交史論として、古典的な地位を獲得したといえる。第三部が増補されて、冷戦期のアメリカ外交についての議論が加わり、より包括的なアメリカ外交史論となった。本書第二部のソ連論は歴史的意義をもつ文献であるが、またソ連、東欧の八〇年代末前後の劇的な変化と照合するとき、ソ連体制の変質を予見したこれらの論文はまことに興味深いものがある。

ケナンはアメリカ外交の「法律家的・道徳家的アプローチ」を批判したことで、彼は現実主義者と呼ばれたが、やがて彼がアメリカの核兵器依存の防衛政策やソ連の脅威を過大視する対ソ政策を批判するようになると、彼もまた道徳家であり理想主義者であるといわれるようになった。彼の対外政策観は外交官のそれであるから、当然現実的であるとしても、政治重視の現実主義であって軍事重視の現実主義ではない。そして彼の外交政策論は現実に対してつねに批判的であり、道徳的禁欲主義と均衡感覚とを伴うものであった。

このようなケナンの独特な国際政治観とアメリカ外交論は近年、何人もの研究者を魅きつけ、ケナンを研究対象とする研究がいくつも刊行されている。その主なものをあげれば、David Mayers, *George Kennan and the Dilemmas of US Foreign Policy* (1988); Walter L. Hixon, *George F. Kennan: Cold War Iconoclast* (1989); Anders Stephanson, *Kennan and the Art of Foreign Policy* (1989); Wilson D. Miscamble, *George F. Kennan and the Making of American Foreign Policy* (1992); Richard L. Russell, *Kennan's Strategic Thought* (1999); 佐々木卓也『封じ込め政策の形成と変容』(一九九三年)である。また冷戦初期の研究者として知られ、これまで政策企画室長当時のケナンの政策構想について論文を発表してきたジョン・ルイス・ギャディスが、ケナンの伝記の執筆を準備していることを付け加えたい。

『アメリカ外交五〇年』の訳書は近藤晋一・飯田藤次両氏を訳者として、原書初版刊行の翌年一九五二年に「岩波現代叢書」の一冊として刊行され何回も増刷された。その後、一九八五年に新しい論文二編を加えて増補版が刊行されたのを機会に、その翌年増補版の訳が刊行され、新しい論文二編(本書第三部)の訳を私が担当した。その後「同時代ライブラリー」の一冊として刊行されるに際して、第一部、第二部を含めて、訳文全体を見直し、不適当な部分を私の責任で訂正した。

しかし時間的制約があり十分に全訳文を検討したとは言い難く、遺憾ながらなお多数の瑕疵が残っていた。この度、現代文庫本として刊行されるに際して、あらためて全文を見直し、今では古風になった表現をより現代風に改め、私の判断でかなりの修正を行なった。同時代ライブラリー版の訳についていくつかの誤りを指摘して下さった一人の読者の方に心から謝意を表したい。

著者の洗練された文体には及ぶべくもないが、今回の訳文の改定により、著者の文章を一応の正確さをもって概して平明な邦文に訳すことができているならば、幸いである。

二〇〇〇年九月

有　賀　貞

解説　ラディカルな現実主義という知的作法

船橋洋一

NATO(北大西洋条約機構)がポーランド、チェコ、ハンガリーの三カ国を加盟させる、いわゆる拡大路線を推進した時、ジョージ・ケナンはそれに真っ向から反対した。ケナンは齢すでに九〇歳半ばに達しようとしていたし、マスコミにはもう出ないと公言していたが、このときは禁を破った。

「これは新たな冷戦の始まりだ。ロシア人はいずれ強く反発するだろう。それは確実に彼らの政策に影響を及ぼす。誰が、誰に対して、脅威を与えているわけでもないのに、全く不必要なことだ」

ケナンが戦後、『フォーリン・アフェアーズ』誌に発表したX論文はその後のソ連封じ込め政策の骨格を形作った。

「確かに冷戦時代、われわれは彼らと戦った。しかし、それはわれわれの利害がソ連共産党システムと根本的に違っていたからだ。それなのに、その共産党システムを無血革命で倒したその人々にわれわれはいま、背を向けようとしている」

ケナンは『ニューヨーク・タイムズ』紙とのインタビュー(一九九八年五月二日付)でそのように述べた。

NATOは一九九九年年春の設立五〇周年の首脳会議で、三カ国の加盟を正式に承認した。ロシア情勢は、その後エリツィン大統領の辞任、「ロシアの過去の栄光の再現」を選挙公約に掲げたKGB出身のウラジミール・プーチン大統領の登場と、一気に不透明になっている。

ケナンは「われわれが過去において政策樹立にあたって犯した最も重大な過誤は、いわゆる国際問題に対する法律家的・道徳家的アプローチと呼ばれるもののうちに求められる」と喝破した。朝鮮戦争たけなわの一九五〇年冬シカゴ大学で行われた連続講義は、このメッセージを伝えたいがために行ったのではないかと思えるほど、それは六篇全体の通奏低音となっている。

法律家的・道徳家的外交は容易に孤立主義を生むことになる。あるいは孤立主義がこうした外交をもたらすのか。ただ、米国の孤立主義は欧州に対するものであり、アジアに対しては最初から存在しなかった。

「われわれは、ヨーロッパ大陸のできごとに対するわれわれの態度を長い間縛っていた禁制が、われわれの東アジアに対する政策の場合存在しないことを知っている」

この懸隔は、かつてリチャード・ローヴィアとアーサー・シュレシンジャーがいみじくも述べたように「孤立主義は米国の政治に〝欧州の考え〟を持ち込もうとすることに反対するのである。米国は〝アジアの考え〟に反対する必要はなかった。アジアからはほとんど誰もそのようなことをしようとはしなかったからである」という理由によるだろう。

日本はこの「法律家的・道徳家的アプローチ」による米国の介入主義にもろにさらされることになった。日本がアジアでは今世紀最初の列強となったからである。そのようなアプローチは日米開戦直前のハル・ノートに最も露骨に示されているが、ケナンは、戦前の米国の対日姿勢がもう少し柔軟だったら、「相当違った一連の行動をとらしめ、したがっておそらくすっかり違った結果を招来したであろう」と言う。

ケナンが説くアプローチは、「国家的利益を穏やかに教化するという控え目でほとんど女性的ともいうべき機能」である。それを東アジアの諸国との交渉に当たって実行できるならば、米国のアジア外交はよほどうまく行くはずだ、とケナンは言う。国益は「啓発された自己利益(enlightened self-interest)」であり、外交は予防外交と心得えよ、ということなのだ。

実は、そうしたこわ張った対日姿勢は戦後の在日司令部の占領政策にも引き継がれていた。その芯は、マッカーサーのキリスト教的使命感とニューディーラーたちの社会改造への見果てぬ夢との奇妙な合成物だった。

しかし、対ソ封じ込め政策上、新たな勢力均衡を極東に急いでつくらざるをえず、その中で日本の新たな役割を求める必要、したがって対日占領政策を変える必要が生まれていた。ここでケナンは大きな役割を果たした。一言で言うと、ケナンは日本で「逆コース」と呼ばれた方向へと占領政策の舵取りを切り替えたのである。後に『回顧録』の中でこのときの自らの役割を「マーシャル・プラン以後私が政治上に果たすことができた最も有意義な、建設的な寄与」とケナンには珍しく誇らしげに記している（『回顧録』上）。

日本を〝再活性化〟する政策には内外で反発も強かった。しかし、「日本を抹殺することが可能であるにしても、それすら極東ないしは世界にとって祝福すべきこととはならないであろう」とケナンは言う。ここには「今日われわれは、ほとんど半世紀にわたって朝鮮および満州方面で日本が直面しかつ担ってきた問題と責任とを引き継いだのである」というケナンの醒めた認識があった。現実主義者の面目躍如である。

ケナンは、米西戦争に対する米政府の政策、なかでもフィリピン領有には手厳しい批判を加えたが、それは「他国民に対して保護者的責任を引き受けない」という考え方に基づいていた。植民地は領有しない、帝国主義にはならない、との考え方である。

しかし、沖縄は例外だったようだ。講和後の日本の軍事的な安全保障について、ケナンは米国による沖縄の「恒久的な戦略的支配」を構想していた。この沖縄要塞化論は、坂元一哉大阪大学教授が指摘しているように、マッカーサーに影響された可能性がある(坂元一哉『日米同盟の絆』)。マッカーサーは当時「日本を太平洋のスイス」にしようと言い、日本の中立論者は感激したものだった。しかし、それは沖縄の「恒久的な支配」、つまり沖縄要塞化とコミで捉えられていた。そうした欲求は、沖縄が本土復帰してから三〇年近くなろうというのになお、米軍のリビドーであるように見える。

かくして、かくもケナンは現実主義者だった。その現実主義は――本来、現実主義の視点とはそうしたものだが――、人間と社会の不完全さと脆弱さに対する深い洞察に基づいている。両大戦間時代、外交官として直接見聞したドイツとソ連の社会崩壊の姿にそれらを透視したのである。レマルクの『西部戦線異状なし』の最後の一節の、野戦病院に横たわる若いドイツ兵士の告白を、ケナンは引用している。ここは印象的だ。

「大人の人たちは僕らを理解しないだろう……僕らの後で大きくなった世代の人たちは、僕らの世代と何のつながりもなく、僕らを押しのけるであろう。僕らは自分自身にとっても厄介者だ……僕は全く独りぽっちだ。希望なんかありはしない……だが、そこに生命がある限り、僕のうちにある意思のいかんにかかわらず、生命はその自らのはけ口を求めるであろう」

秩序の崩壊の真実の瞬間をケナンは切り取ろうとしている。それは「民主主義の衰頽と全体主義の擡頭」を予感させるものだった。「ドイツ国民自体が、大した抵抗や抗議もせずに、ヒトラーを自分の指導者および支配者として迎えるような心境を持つに至ったときに、西側はもっと大きな敗北を喫していたのである」

ケナンの、民主主義を見つめる目は悲しいほど険しい。ケナンにとっては、民主主義は恐竜のように映る。

「彼の利益が侵害されていることを知らせるには、彼のしっぽを殴らなくてはならない。しかし、ひとたびこれに気がつくと、彼は、盲目的な決断をもって暴れ廻るので、敵方を破壊するだけでなく、自分の住処もほとんどぶち壊すのである」

しかし、どの国の外交も政治も、この民主主義の政治プロセスを通じてしか、遂行されないのである。

「君は自分を現実主義者であると主張する。だが君が説いているどれ一つとして、わが国自身の国内的現実からみて、実行可能な域に含まれるものはないではないか」

国民に真実を伝え、国民を教育する、そして民主主義の運営に欠陥があればそれをはっきり言おうではないか、とケナンは説く。

ケナンは長い間、権力政治の現実主義者であり、冷戦の生みの親といった捉えられ方をしてきた。現実主義者をあたかも現状維持者であるかのように裁断するのに急だった日本の戦後の知的風土ではとくにそうした傾向が強かったようである。

そうしたレッテルがいかにお門違いであるか、現実主義がいかに緊張を孕んだ知的営為となりうるかを、われわれはこの本を読むことで知ることができる。その緊張感と批判精神故に、それはラディカルな現実主義としか言いようがない。

この本もそうだが、ケナンは「歴史のもし(if)」を自他に問いかけることをためらわない。

「国家政策上の主要局面のあるものを再び取り上げ、後から考えて当時採りえたであろう他の方策やその結果と思われるものと照合して、これを再検討することは有益なことである」

そのように政策をつねにありうべき代案との対比においてクリティカルに凝視する視線は批判者のものであり、その目には批判精神を湛えている。ケナンの批判精神は、ベトナム戦争批判や核軍拡批判、さらには米国の社会倫理の衰退批判、など老いてますます漲っていった。

国際政治を「法律家的・道徳家的アプローチ」で迫るのは、何も米国の特許ではない。それは皮肉なことに、米国とはその基盤もベクトルもまったく異なった戦後の日本の安全保障観に現れた。国会安保論戦は条約・法律解釈論争とイデオロギー論争を巡って回転というか空転するのが常だった。

ようやくそれらの呪縛から解き放されつつあるいま、ケナンのラディカルな現実主義は、日本のダイナミックな戦略と外交を練り上げていく上で何よりも必要な知的作法であるように思われるのである。

（朝日新聞コラムニスト）

本書は一九八六年四月、岩波書店より刊行された。

アメリカ外交50年　ジョージ・F・ケナン

2000年10月16日　第1刷発行

訳　者　近藤晋一《こんどうしんいち》　飯田藤次《いいだとうじ》　有賀　貞《あるがただし》

発行者　大塚信一

発行所　株式会社　岩波書店
〒101-8002　東京都千代田区一ツ橋2-5-5

電　話　案内 03-5210-4000　営業部 03-5210-4111
現代文庫編集部 03-5210-4136
http://www.iwanami.co.jp/

印刷・精興社　製本・中永製本

ISBN 4-00-600030-8　　Printed in Japan

岩波現代文庫の発足に際して

新しい世紀が目前に迫っている。しかし二〇世紀は、戦争、貧困、差別と抑圧、民族間の憎悪等に対して本質的な解決策を見いだすことができなかったばかりか、文明の名による自然破壊は人類の存続を脅かすまでに拡大した。一方、第二次大戦後より半世紀余の間、ひたすら追い求めてきた物質的豊かさが必ずしも真の幸福に直結せず、むしろ社会のありかたを歪め、人間精神の荒廃をもたらすという逆説を、われわれは人類史上はじめて痛切に体験した。

それゆえ先人たちが第二次世界大戦後の諸問題といかに取り組み、思考し、解決を模索したかの軌跡を読みとくことは、今日の緊急の課題であるにとどまらず、将来にわたって必須の知的営為となるはずである。幸いわれわれの前には、この時代の様ざまな葛藤から生まれた、人文、社会、自然諸科学をはじめ、文学作品、ヒューマン・ドキュメントにいたる広範な分野のすぐれた成果の蓄積が存在する。

岩波現代文庫は、これらの学問的、文芸的な達成を、日本人の思索に切実な影響を与えた諸外国の著作とともに、厳選して収録し、次代に手渡していこうという目的をもって発刊される。いまや、次々に生起する大小の悲喜劇に対してわれわれは傍観者であることは許されない。一人ひとりが生活と思想を再構築すべき時である。

岩波現代文庫は、戦後日本人の知的自叙伝ともいうべき書物群であり、現状に甘んずることなく困難な事態に正対して、持続的に思考し、未来を拓こうとする同時代人の糧となるであろう。

（二〇〇〇年一月）

岩波現代文庫[学術]

G1
共通感覚論
中村雄二郎

五感を統合する根源的能力の〈共通感覚〉と〈常識〉というコモンセンスの二面を手がかりに、知の組み換えを試みた著者の立脚点。〈解説〉木村 敏

本体1100円

G2
科学と幸福
佐藤文隆

科学は人間を幸福にするのだろうか。「原爆の知」に感銘をうけた科学者が、科学と社会、科学と人間の幸福について考察をめぐらす。

本体800円

G3
天皇制の文化人類学
山口昌男

政治権力の中心と周縁のダイナミックな関係に着目し、天皇制を支え天皇制によって補強される美意識の宇宙論的モデルを解明する。

本体1000円

G4
共同体の基礎理論
大塚久雄

著者は戦後社会科学の巨峰。本書はウェーバーとマルクスの理論に依拠しつつ世界史上の共同体の諸形態を類型化した記念碑的著作。〈解説〉姜 尚中

本体800円

G5
神話と文学
石母田 正

記紀歌謡に世界史につらなる叙事詩をよみとり、階級、民族、国家成立問題の解明に挑む戦後歴史学の頂点を形成した雄大な構想の論考群。〈解説〉吉村武彦

本体1000円

定価は本体価格に消費税が加算されます　　2000.10

岩波現代文庫［学術］

G6
近代 未完のプロジェクト
ハーバーマス
三島憲一編訳

公共性と合理性の理念の実現が近代のプロジェクトである。現代の代表的社会哲学者による、統一ドイツ問題を初めとする現代社会論集。

本体1100円

G7
幾何への誘い
小平邦彦

フィールズ賞受賞数学者による、市民のための幾何入門。一歩一歩複雑な定理へと読み進むうち、いつしか幾何の世界に魅了されていく。〈解説〉上野健爾

本体800円

G8
「スターリン言語学」精読
田中克彦

ソ連邦の形成と崩壊——今世紀最大の政治と思想のドラマを演出した妖怪スターリンの言語、民族理論の再評価を試みる言語学者の危険な挑戦。

本体1000円

G9
ハイデガー『存在と時間』の構築
木田元編著

『存在と時間』は下巻が書かれていない未完の書である。ハイデガー文献を徹底渉猟し、書かれざる部分の構築に挑んだ哲学的事件。

本体1000円

G10
偶然性の精神病理
木村敏

偶然の結果としての個々人の生と、必然として生きる個々人の生の絡み合いを探究する、独自の現象学的人間学の成果。〈解説〉鷲田清一

本体1000円

岩波現代文庫［学術］

G11
ロシア革命
―レーニンからスターリンへ、一九一七―一九二九年―
E・H・カー
塩川伸明訳

一九二〇年代をレーニンのロシア革命からスターリンのロシア革命への転換としてとらえ、革命の変貌する過程を解明する。〈解説〉渓内　謙
本体1100円

G12
日本社会の家族的構成
川島武宜

広汎な農村実態調査をもとに、日本の家族を類型化し、家父長制国家のイデオロギー性を解明した川島法社会学の古典的論稿の新編集版。〈解説〉筒井清忠
本体1000円

G13
中国人の日本観
ホワイティング
岡部達味訳

日中の肯定的な関係をどう構築するか。中国人の日本観とそれを規定する思考様式を分析し、日中が歴史の負の遺産から脱却する道を探る。

本体1300円

G14
竹内好「日本のアジア主義」精読
松本健一

自立の思想家竹内好のアジア論は戦後思想の暗部を撃つ。日本にとってアジアとは何か、大東亜戦争の意味等々を解読する書下し。

本体900円

G15
芭蕉・蕪村
尾形　仂

芭蕉と蕪村の履歴と人生観、芸術世界の色調、作句の姿勢・方法を比較。純粋な生を志向し、新しい人生と世界を発見したと評価する。

本体1100円

2000. 10

G26
日本古代内乱史論
北山茂夫

内乱は歴史の発展と創造の契機である。壬申の乱から藤原種継暗殺に至る古代内乱を通して天皇制支配の実態に迫る雄渾な歴史叙述。〈解説〉直木孝次郎

本体1100円

G27
マルティン・ハイデガー
G・スタイナー
生松敬三訳

カント以後最大の哲学者か、言葉の神秘主義者か。その特有の語法の秘密に迫り、思想の現代的意義を考察。ハイデガー入門の決定版。〈解説〉木田　元

本体1100円

G28
毛沢東初期詞文集 中国はどこへ行くのか
竹内実編訳

軍閥混戦の時代、青年毛沢東は中国の行末に様々な思索をめぐらし、政治的・社会的実践を積み重ねた。新資料に基づく翻訳と評論。

本体1200円

G29
天皇と古代王権
井上光貞
吉村武彦編

戦後古代史学を主導した著者が、東アジアという視野で天皇の起源を論じ、皇太子・女帝など王権のあらわれ方に古代の世界観を探る。

本体1100円

G30
アメリカ外交50年
G・F・ケナン
近藤・飯田・有賀訳

ソ連「封じ込め政策」などアメリカの戦後世界政策を構想した外交官ケナンが、アメリカ外交のあるべき方向を提言した外交論の古典。〈解説〉船橋洋一

本体1100円

S17
分水嶺
高田博厚

在欧三十年、大戦前後の歴史のさなかに生きた芸術家の記録。ロランら知識人との親交、パリの日本人の生態等を詩情豊かに描きだす。〈解説〉粟津則雄

本体1200円

S18
家族の条件
―豊かさのなかの孤独―
春日キスヨ

登校拒否、過干渉、少産、離別、死別、障害者や老人介護。様々な家族の現実を通して、社会のありよう、人間らしい豊かさを探る。

本体900円

S19
怠け数学者の記
小平邦彦

フィールズ賞受賞数学者が独自の数学観や自らの学習経験、留学先のエピソードなどを綴り、学ぶことの楽しさを伝えるエッセイ集。〈解説〉上野健爾

本体1000円

S20
老いの道づれ
―二人で歩いた五十年―
沢村貞子

駆け落ちした脇役女優と雑誌記者は、数々の労苦を越え、楽しい老後を迎えた。そこに突然の別れが……。「徹子の部屋」の対談付載。

本体800円

S21
生きるこだま
岡部伊都子

丸岡秀子、末川博、荒畑寒村、戦火に奪われた兄・婚約者・友人。真摯に生き、逝った人々の軌跡をたどり、人間の真の生き方を問う。〈解説〉鶴見和子

本体900円

定価は本体価格に消費税が加算されます　2000. 10

岩波現代文庫[社会]

S22
臨床に吹く風　徳永進

さまざまな病気と悩みをもって訪れる患者さんの体と心に吹く風に耳をかたむけて綴った砂丘のある町の病院の内科医徳永先生の記録。〈解説〉立川昭二

本体900円

S23
たとえ病むとも　重兼芳子

旺盛な執筆活動と、ホスピスボランティアを続けていた作家に突如襲った二つの哀しみは、がんの宣告と、夫の急死であった。絶筆。〈解説〉柳田邦男

本体800円